AF274119

CRISTIANOS CORRIENTES

JOSÉ IGNACIO MURILLO

CRISTIANOS CORRIENTES

Trabajo y secularidad a la luz
de san Josemaría

EDICIONES RIALP
MADRID

© 2025 *by* José Ignacio Murillo
© 2025 *by* EDICIONES RIALP, S. A.,
Manuel Uribe 13-15 - 28033 Madrid
(www.rialp.com)

Preimpresión: produccioneditorial.com

ISBN (edición impresa): 978-84-321-6964-9
ISBN (edición digital): 978-84-321-6965-6
ISBN (edición bajo demanda): 978-84-321-6966-3
ISNI: 0000 0001 0725 313X
Depósito legal: M-950-2025
Impreso en Service Point, S. A., Madrid

No está permitida la reproducción total o parcial de este libro, ni su tratamiento informático, ni la transmisión de ninguna forma o por cualquier medio, ya sea electrónico, mecánico, por fotocopia, por registro u otros métodos, sin el permiso previo y por escrito de los titulares del *copyright*. Diríjase a CEDRO (Centro Español de Derechos Reprográficos, www.cedro.org) si necesita reproducir, fotocopiar o escanear algún fragmento de esta obra.

ÍNDICE

INTRODUCCIÓN

«Todas las cosas son vuestras»[1], aclaraba san Pablo a los fieles de Corinto. El cristiano está lejos de sentirse como un exiliado o apátrida en el universo o en el mundo que crea la actividad humana. El mundo es su casa, pero la casa con frecuencia está revuelta o se puede volver un poco inhóspita o desangelada. Solo quien la habita y no ha perdido la conciencia de qué es un verdadero hogar se encuentra en condiciones de mejorarla, de volverla de nuevo habitable.

Mucho se ha hablado del proceso de secularización que han experimentado las sociedades cristianas occidentales. ¿Qué significado tiene para un cristiano ese proceso y la situación en que parece haber desembocado? ¿Representan un obstáculo o una oportunidad?

---

[1] *I Cor*, 3, 22.

En qué consiste la secularización y cómo se debe valorar es una cuestión discutida. Pienso, de todos modos, que la categoría «secular» y la de «mundo», que se corresponde con ella, solo adquieren sentido dentro de la visión cristiana del mundo y de la historia. Sin la consideración del universo y el mundo humano como realidades radicalmente distintas de Dios, es decir, como criaturas, y como destinatarias de la revelación y salvación de Dios ambas carecerían de sentido.

Dios distingue de sí el mundo, que crea y mantiene, para luego revelarse y entregarse a él por amor. La secularización, la afirmación del *saeculum* o «mundo» contiene, por esta razón, un sentido positivo. Es Dios quien defiende y protege la legalidad natural del mundo, quien evita «mezclarse» con él, sin quitar por ello un ápice de su presencia, para unirse plenamente a él y divinizarlo. Por eso la progresiva conciencia de la legítima autonomía de la naturaleza y de la acción humana es un despliegue lógico, una encarnación de la fe cristiana.

Pero esa toma de conciencia de la distinción, que se ha acelerado en los últimos siglos, ha estado acompañada por malentendidos que se han traducido con frecuencia en la negación o exclusión de Dios del horizonte de la vida humana. La mala secularización y los diversos ateísmos, teóricos y prácticos, que la acompañan se presentan como herejías del cristianismo que amenazan con entorpecer o excluir el influjo de la redención en la vida de los hombres.

El Concilio Vaticano II puso de relieve la presencia y la misión de la Iglesia en el mundo. Reconocía así la «secularidad» de la Iglesia, que su lugar era el mundo, que estaba llamada a redimir. Pero ¿qué significa para cada cristiano ser del mundo y estar en él? ¿En qué sentido es compatible con su condición de hijo de Dios participar de un mundo que, a menudo, parece ignorarlo o rebelarse contra él?

Reconocer que encontrarse totalmente inmerso en el mundo que los seres humanos configuran y mantienen constituye un modo pleno de vida cristiana —un verdadero camino de santidad— es una convicción que se va abriendo paso poco a poco. Pero no sin dificultades teóricas y prácticas, que proceden, a veces, de la falta de reflexión o de modos de pensar heredados del pasado. Esto vuelve, en mi opinión, urgente —o, al menos, muy conveniente— pensar la secularidad y todo lo que la acompaña.

Gracias a Dios, en las sociedades postcristianas no son pocos quienes, viviendo en medio del mundo, despiertan a la fe, descubren la doctrina de la Iglesia y la práctica de los sacramentos. Pero no pocas veces se echa de menos que comprendan hasta sus últimas consecuencias que las realidades mundanas y seculares son camino para encontrar a Dios. Es fácil decirlo, pero no tanto convencerse de ello y ponerlo por obra.

El deseo de pensar el mundo con una mirada cristiana es lo que impulsa estas páginas. Familia, trabajo y política, los ámbitos que suelen acompañar y definir la vida en el mundo, son el tema primordial que las ocupan.

El Concilio Vaticano II y el magisterio posterior han recordado la llamada universal a la santidad y la han situado en el centro de la vida de la Iglesia, pero este hecho ha sido precedido por la vida y experiencia de muchos cristianos. Uno de ellos es, sin duda, san Josemaría Escrivá, a quien Dios inspiró fundar el Opus Dei para recordarla y para ayudar efectivamente a quienes se proponen

11

seguir ese camino en medio del mundo. El lector que se encuentre familiarizado con su mensaje y su vida podrá comprobar cuánto le deben estas páginas. No pretendo en ellas, sin embargo, erigirme en intérprete o estudioso de su mensaje, sino pensar sobre algunos temas que me parecen centrales para entender qué significa buscar la santidad en medio del mundo.

La respuesta a la pregunta de por qué ha sido preciso recordar algo tan evidente y evangélico como que todos los cristianos se encuentran llamados a la santidad reclama atender a la historia de la Iglesia y de la cultura. Con el tiempo, las motivaciones prácticas y carismáticas que llevaron a buscar formas particulares de realizar la vocación cristiana dieron pie a una justificación teórica que presentaba la posición espontánea en la sociedad y las actividades ordinarias que la configuran como un obstáculo para la entrega completa a Dios.

Cabría esperar que esta situación hubiera cambiado radicalmente tras las enseñanzas del último concilio, pero las inercias teóricas y vitales son fuertes. Estas se traducen, por un lado, en la pervivencia de concepciones que consideran, por ejemplo, que el cristiano, por serlo, renuncia al mundo. Para quienes piensan así aquellas formas de vida que ponen de manifiesto esa renuncia son las que mejor reflejan la vida cristiana.

A esto se suma el aparente descuido en que ha caído aquella teología de las realidades terrenas que precedió y acompañó al Concilio[2].

---

[2] C. TAGLIAPIETRA, «Por una recuperación de la teología de las realidades terrenas», *Scripta Theologica*, 56/1 (2024), 161-194.

Es preciso, de todos modos, reconocer, en este campo, el valor de los esfuerzos de los últimos decenios por comprender mejor el matrimonio, una realidad eminentemente secular, como camino de santidad. Resulta lógico este empeño en un tiempo en el que matrimonio y familia se encuentran en cuestión tanto en la práctica como en la teoría. Sin embargo, no parece que se haya dedicado el mismo esfuerzo a resaltar el valor de otras dimensiones de la vida humana como el trabajo o la política.

Creo que conviene volver sobre ellas, puesto que ambas se encuentran asediadas por graves peligros para la autocomprensión del cristiano que las desempeña. Pensemos, por ejemplo, en la visión meramente economicista del trabajo, que oscurece su naturaleza de servicio y su respaldo personal. Respecto de la política, en otros tiempos existía la convicción de que el gobernante debía cultivar las virtudes que exigía su responsabilidad. En las sociedades modernas, democráticas o no, ¿cuál es el ideal de político o gobernante que proponen los cristianos? ¿Qué tiene que ver la condición de ciudadano con la vida cristiana? Creo que merece la pena llevar a cabo un examen más detallado de la cuestión. Comprobaremos entonces, quizá, que muchas tareas que resultan necesarias para mantener nuestro modo de vida se encuentran bajo sospecha para la mentalidad del cristiano común y aun la de los pastores. ¿Qué tiene la Iglesia que decir al político, al ciudadano, al gran (o al pequeño) empresario, al militar de nuestros días, tan solo por poner algunos ejemplos?

No es mi intención en estas breves páginas resolver este problema, pero espero contribuir a la reflexión cristiana sobre las realidades mundanas deteniéndome en algunos aspectos, sin afán de exponer una doctrina completa sobre ellos, sino tan solo algunos elementos para la reflexión.

El primer capítulo propone, de un modo sencillo y prescindiendo en buena medida del aparato crítico que seguramente merecería el tema, una definición o caracterización de la secularidad.

En el capítulo segundo me he ocupado de la libertad, que es, junto con el trabajo, uno de los rasgos definitorios de la condición secular. Lo hago apoyándome una vez más no solo en la doctrina de san Josemaría, sino en la plasmación de su carisma en la institución que fundó, haciéndome eco de una carta que su prelado dirigió a los miembros del Opus Dei en el año 2018.

Los dos capítulos siguientes tienen como tema el trabajo. El tercero adopta un punto de vista teológico, retomando una aproximación que empleé en otra ocasión: preguntarnos, a la luz del misterio de la encarnación, qué nos dice de Dios la naturaleza humana como lenguaje en que este se nos comunica[3]. El cuarto se plantea un problema límite: el de la compatibilidad del trabajo intelectual con la contemplación cristiana. Lo que parece una dificultad de conciliar el trato con Dios con el trabajo sirve para poner de manifiesto algunos aspectos de lo que significa santificarlo.

---

[3] J. I. MURILLO, *El valor revelador de la muerte. Estudio desde Tomás de Aquino*, Cuadernos de Anuario Filosófico, Pamplona 1999. (Una nueva edición de este texto se encuentra actualmente en prensa en la editorial EUNSA).

En el último capítulo, para aclarar qué significa secularidad y cuál es su lugar en la Iglesia, me permito comparar la concepción de Hegel, que presenta la reivindicación del mundo de la Reforma protestante frente a la Iglesia que suele denominarse medieval[4], con una visión católica del mundo que parece, sin referirse explícitamente a ella, acoger el desafío. Aunque mencionar a Hegel, un pensador, profundo y sugerente, pero a menudo oscuro, suele provocar cierto respeto, advierto que tomo pie en un discurso que este autor dirigió a un público general, en su mayoría protestante, y lo confronto con la homilía de san Josemaría Escrivá «Amar al mundo apasionadamente».

---

[4] A propósito de los malentendidos sobre lo que llamamos Edad Media y Modernidad, cfr. J. I MURILLO, «¿Qué es la modernidad? Una revisión de nuestra conciencia de época», en E. GRIMI (ed.), *Europa, cura te ipsam. Essays in honor of Rémi Brague, Stamen*, Roma 2021, 361-375.

I.
SECULARIDAD

«... los animales se dividen en: a) pertenecientes al Emperador, b) embalsamados, c) amaestrados, d) lechones, e) sirenas, f) fabulosos, g) perros sueltos, h) incluidos en esta clasificación, i) que se agitan como locos, j) innumerables, k) dibujados con un pincel finísimo de pelo de camello, l) etcétera, m) que acaban de romper el jarrón, n) que de lejos parecen moscas». Clasificación extraída de «cierta enciclopedia china». Cfr. Borges, Jorge Luis, «El idioma analítico de John Wilkins», en *Otras inquisiciones*, Buenos Aires, Emecé, 1960, 42.

«(...) los fieles de la Prelatura no convierten la santidad y el apostolado en una profesión, sino que hacen de la profesión un medio de santidad y de apostolado». *De Spiritu* (documento que expone de forma práctica el espíritu, las normas y costumbres del Opus Dei), nota 3.

La secularidad se convirtió en tema de discusión para la teología durante los años anteriores y posteriores al último Concilio[1]. En su estudio se entreveraban diversos «motivos» —en el sentido musical del término—, como, por ejemplo, la toma de conciencia de la relación de la

---

[1] Cfr. J.-I. Saranyana, «El debate teológico sobre la secularidad cristiana (1930-1990)», en: J.-I. Saranyana et al, *El caminar histórico de la santidad cristiana*, Servicio de Publicaciones de la Universidad de Navarra, Pamplona 2004, 105-130.

Iglesia con el mundo, el significado cristiano de las actividades humanas ordinarias y las diversas formas de realizar la vida cristiana.

En esta ocasión doy por sentado algo que en este debate se puso de relieve: que la secularidad, el estar en el mundo y ser para el mundo, es una nota de toda la Iglesia. Como afirma Pablo VI, la Iglesia «tiene una auténtica dimensión secular, inherente a su íntima naturaleza y a su misión, que hunde sus raíces en el misterio del Verbo Encarnado», aunque esta «se realiza de formas diversas en todos sus miembros»[2]. Me interesaré, en cambio, por otra cuestión: en qué condiciones podemos atribuir esta noción, condición o índole —la secularidad— a algunos fieles hasta el punto de caracterizarlos con ella, es decir, como seculares. Para alcanzar mi objetivo considero que es preciso avanzar una definición o caracterización de la secularidad. Solo desde ella se podrá determinar cómo se puede aplicar a cada vocación cristiana.

Se hace necesario definir una realidad cuando existe peligro de confusión. Además, definir algo consiste en marcar sus contornos, e implica, por tanto, que lo definido tiene algo en común con otras realidades y al tiempo algo diferente. La definición saca a la luz de este modo lo que es característico. Esto justifica que para definir la secularidad sea útil también definir aquello que no lo es, es decir, el «estado religioso». Es claro que utilizo en este contexto el término «religioso» para referirme a una

---

[2] *Discurso a los representantes de los Institutos seculares*, 2-II-1972, AAS 64 (1972) 208. Cit. E. BURKHART, J. LÓPEZ, *Vida cotidiana y santidad en la enseñanza de san Josemaría*, Rialp, Madrid 2013, 102.

forma particular de vida cristiana, tal como se ha configurado en la Iglesia católica y en otras iglesias o comunidades cristianas. No lo entiendo en el sentido ordinario de «persona que cultiva y expresa la condición religiosa propia del ser humano», que se puede aplicar con verdad tanto a los religiosos como a los seculares que viven su fe.

Pues bien, resulta especialmente importante ocuparse de comprender esta forma de vida cristiana si, como voy a defender aquí, resulta que el ámbito de las formas de vida cristiana, desde cierto punto de vista, se divide exclusivamente en ellas: o se es religioso o no; o, expresado en sentido inverso, o se es secular o no, y, entonces, se es religioso. Algo que exige tomar la noción de «religioso» en un sentido muy amplio, pero, que como intentaré mostrar, a pesar de sus diversísimas manifestaciones, no resulta imposible caracterizar con claridad.

Por otra parte, no cabe duda de que la necesidad de definir la secularidad se debe a la existencia del estado religioso. Secularidad parece semánticamente afín a espontaneidad, normalidad, vida corriente[3]. Por eso no se trata

---

[3] «Naturalidad o secularidad, porque, cristiano corriente, cada miembro del Opus Dei es uno más entre sus iguales, sin rarezas, signos distintivos ni comportamientos especiales —es decir, sin dar a su decisión de radicalidad en la fe manifestaciones exteriores impropias de la índole o condición secular— (...)». FUENMAYOR Y OTROS, *El itinerario jurídico del Opus Dei*, EUNSA, Pamplona 1989, 63. A propósito de los laicos, el Concilio Vaticano II define así la secularidad: «Viven en el siglo (*in saeculo vivunt*), es decir, en todos y cada uno de los deberes y ocupaciones del mundo, y en las condiciones ordinarias de la vida familiar y social, con las que su existencia está como entretejida», *Lumen Gentium*, 31.

de suyo de ningún «fenómeno», sino más bien de lo que hay antes de cualquier fenómeno. San Pablo, dirigiéndose a Timoteo, pone como ejemplo los militares, que no se implican en los negocios mundanos (*saeculi negotiis*, en la versión latina de la Vulgata, *toîs toû bioû pragmateíais*, los cuidados u ocupaciones de la vida, en el original griego[4]) para agradar a quien los eligió. Pienso que aquí se pone de manifiesto que lo secular aparece como el ámbito de lo previo y espontáneo, lo que ocupa a los seres humanos sin necesidad de que elijan nada, por contraposición con la milicia que exige abandonar la vida «civil» para abrazar un modo especial y separado de existencia.

A diferencia de lo secular, la vida religiosa sí es un «fenómeno» en el sentido a que nos referimos. Para entrar en ella se precisa un acto de libertad que afecte a toda la vida. El religioso se separa de lo ordinario —de lo normal— y, por eso, lo convierte de alguna manera —veremos más adelante si directa o indirectamente— en extremo de una elección. Sin embargo, para ser secular no hace falta tomar una decisión respecto de lo ordinario. Basta simplemente que las decisiones que se tomen a lo largo de la vida no afecten a la relación que se guarda con lo ordinario.

De ahí que se pueda decir que, si no existiera la vida religiosa, probablemente tampoco existiría la categoría «secularidad» para *definir* lo que habitualmente designamos como tal y para aplicarla en particular a algunos cristianos. Cabría, quizás, afirmar que es una característica de la Iglesia, pues esta se encuentra sin duda en el mundo

---

[4] Cfr. *2 Tim* 2, 4.

y tiene una misión en él. En todo caso, y esto me parece importante subrayarlo, la ausencia de una necesidad de otorgar un calificativo a la vida ordinaria no le quitaría nada de su valor y riqueza.

Desde los primeros momentos del cristianismo, existe la conciencia de que adherirse a él no comporta necesariamente una renuncia al lugar que uno ocupa en el mundo, con tal, por supuesto —cuestión esta que no carece de importancia—, que este sea honesto. Pero esta limitación no se debe a una toma de postura ante la sociedad tal como espontáneamente se presenta, sino a la sencilla razón de que el cristianismo incluye una enseñanza moral que considera algunas acciones como opuestas a la vida que intenta comunicar. En la medida en que algunas de esas acciones determinan también un lugar en la sociedad (como, por ejemplo, la piratería o la prostitución) queda este proscrito para los cristianos.

Así que, en este contexto, la iluminación del *saeculum* como «algo», es decir, como una realidad distinta de otras, se produce en el momento en que se alumbra la vida religiosa. El término «alumbrar» parece especialmente adecuado a este acontecimiento, ya que, según el Magisterio de la Iglesia, «el estado constituido por la profesión de los consejos evangélicos, aunque no pertenece a la estructura jerárquica de la Iglesia, pertenece, sin embargo, de manera indiscutible, a su vida y santidad»[5], y por eso, parece encontrarse en ella, al menos como posibilidad, desde el principio, aunque no se manifieste —y se reconozca

---

[5] *Lumen Gentium*, 44.

como tal— sino a partir de un momento determinado, tema este que dejamos aparte.

Si aceptamos el término «religioso» para referirnos a quienes adoptan ese camino, a partir de ese momento se puede presentar a la conciencia del cristiano una opción clara: se puede elegir ser religioso o no elegirlo. Teniendo siempre en cuenta que, en el segundo caso, al sujeto no le pasa nada, sino que se queda como está. Aun cuando explícitamente decida no ser religioso, se queda exactamente igual que si no hubiera llevado a cabo elección alguna[6]. Pero antes de sacar algunas consecuencias de este hecho, conviene determinar algo más en qué consiste la elección del religioso.

Parece que en los primeros momentos de esto que, en mi opinión, con justo título, hemos llamado «fenómeno», lo que resultaba más claro en la opción del religioso era el apartamiento del mundo. El anacoreta, y después el monje, abandonaban aquello que representaba el mundo por antonomasia, es decir la ciudad, y se alejaba del trato común con los hombres. Sin embargo, pronto la evolución de esta actitud mostró que no implicaba necesariamente la completa soledad. E incluso, se llegó a la conclusión de que tampoco era necesario prescindir del trato con los hombres del mundo que se había dejado atrás.

---

[6] Hemos de notar que la presente determinación de secularidad y estado religioso, aunque pueda parecer centrada en lo sociológico, responde a una consideración teológica, porque no tiene ningún sentido plantear el problema de la secularidad si no es desde un punto de vista teológico, es decir, desde la consideración de la influencia en las actividades humanas del mensaje y la vida cristianos. Cfr. J. L. ILLANES, «La secularidad como actitud existencial», *Anuario Filosófico*, 35 (2002), 553-579.

Este progresivo acercamiento plantea cada vez más claramente el problema de qué es el religioso respecto al mundo, no de modo exterior o accidental, sino esencialmente. Y es precisamente esta la perspectiva que vamos a tomar ahora para intentar definir la vida religiosa.

Las afirmaciones anteriores parten de la consideración inmediata de los hechos. Lo que suele despertar interrogantes no es lo inmediato en cuanto tal, sino lo sorprendente o inusual, lo que en lenguaje coloquial se llama «extraño». Lo extraño es lo que se separa de lo que consideramos normal, de aquello a que estamos acostumbrados. Pues bien, lo que a primera vista requiere una explicación es el fenómeno religioso, porque comporta una novedad frente al estado de cosas previo.

Pero precisamente es la novedad la que ordinariamente lleva a poner en cuestión lo inmediato. Cuando queremos definir por qué lo nuevo es nuevo, tenemos que decir en que consiste «lo de siempre» y así tomamos conciencia de ello. Por eso no debe parecer contradictorio que para definir acabadamente en qué consiste lo que antiguamente se denominaba el *contemptus mundi* del religioso (literalmente, «el desprecio del mundo»), o esa «separación» de él que se considera propia de esa forma de vida cristiana[7], sea preciso retornar a qué es lo propio del mundo para aclarar de qué se aparta este.

---

[7] «El testimonio público que han de dar los religiosos a Cristo y a la Iglesia lleva consigo un apartamiento del mundo (*illam secum fert a mundo separationem*) que sea propio del carácter y la finalidad de cada instituto» *CIC*, 607, §3).

Nótese que la noción «apartarse del mundo», si, como parece, se refiere a algo que se hace conscientemente, implica que uno conoce el mundo. En efecto, solo puede apartarse conscientemente de algo aquel que de algún modo lo conoce; de modo que la definición de mundo que nos interesa se encuentra implícita en la actitud de quien se aparta de él.

Además, para apartarse conscientemente de una cosa no solo es preciso que uno sepa de qué se aparta; hace falta algo más: que sepa adónde ir, y también pueda hacerlo. En consecuencia, no se puede apartar del mundo todo el que quiera, sino solo aquel que realmente puede.

Si tenemos en cuenta estos dos principios, resulta que, para definir en qué consiste este apartarse del mundo que atribuimos a los religiosos, debemos prestar atención a ese previo estar en el mundo, con el fin de establecer en qué sentido nos referimos a la noción de mundo y poder explicar de qué se separan. Así podremos determinar después con qué tipo de *status* se puede vivir fuera de él.

En resumidas cuentas, debe quedar claro que para definir tanto la secularidad como el estado religioso hemos de tener en cuenta al mismo tiempo los dos términos, porque ambos se aclaran respectivamente. El primero, la secularidad, porque no tendría significado como *concepto* sin el otro; y el segundo, porque la *realidad* de lo por él significado toma al anterior como punto de partida.

EL MODO ESPONTÁNEO DE ESTAR EN EL MUNDO

Como vimos al principio, la noción de mundo que nos interesa es la que nos permite diferenciar la vida del religioso de la de quien no lo es. Aunque debemos estar en guardia ante la multiplicidad de los sentidos de la palabra «mundo». En efecto, el problema que nos planteamos no tiene que ver directamente ni con el mundo como creación, al que todos los hombres pertenecen, ni con el mundo entendido como el «orden desordenado» que introduce el pecado, al que todos los cristianos renuncian en el bautismo, ni con otros sentidos que puedan existir además de estos.

También hemos establecido que, para saber en qué consiste el mundo del que se aparta el religioso, conviene tomar como guía la actitud del religioso mismo. Por eso no debe extrañar que desde el primer momento no nos hayamos referido a la noción de mundo en general y con todos los sentidos que consiente, sino que hayamos enfocado el problema intentando acercarnos a la cuestión lo más posible, aunque fuera de un modo intuitivo. Como dijimos, de lo que se trata es de establecer la diferencia entre el religioso y el que no lo es, y por eso nos interesa en primer lugar la realidad emergente que produce la diferencia.

De acuerdo con el modo en que nos hemos estado refiriendo al mundo, es decir, como la estructura social tal como se da espontáneamente, está claro que la pertenencia a este debemos buscarla en las relaciones que en ese orden se establecen entre los seres humanos. De entre esas relaciones, algunas de ellas son más importantes o determinantes que otras. Entre las más importantes, y que en filosofía política se suelen considerar básicas, se encuentran las que fundan la familia. Estas relaciones no tienen una forma única. En primer lugar, se encuentra la relación fundante entre los cónyuges, las de paternidad o maternidad y la más universal de la filiación.

Desde luego, se puede decir que el religioso renuncia a las relaciones familiares en el sentido de que renuncia al matrimonio como consecuencia de su consagración. Pero la renuncia al matrimonio no parece suficiente para oponerse a la sociedad de los hombres en el sentido de que implique ir a «otro lugar». La renuncia al matrimonio, aun siendo voluntaria, se puede dar por razones ajenas a las religiosas o que, aun siendo de ese orden, introduzcan más de lleno en las relaciones espontáneas de los hombres, incluso en las mismas relaciones familiares, que no se agotan, desde luego, en el matrimonio.

La importancia del matrimonio como medio de inserción en la sociedad depende, por otra parte, de las diversas culturas. Hay algunas en que el adulto no casado es un marginado, pero esto es ordinariamente debido a lo que los etnólogos llaman *indiferenciación*, y que es característica de las culturas primitivas. Por ejemplo, en la sociedad patriarcal primitiva la función del *paterfamilias* no se reduce solamente al ámbito intrafamiliar, sino que se extiende más allá y se parece también mucho a lo que nosotros llamamos «profesión». Solo cuando la sociedad se diversifica y aumenta su complejidad, se puede establecer una diferencia clara entre la función intrafamiliar del padre y la madre, que corre el riesgo de privatizarse, y la función que se desempeña de cara a la sociedad. Por otra parte, bien mirado, el papel del hombre y la mujer en la familia —en la que lo único irreductible es la transmisión de la vida biológica—, si bien tiene una repercusión importantísima en la vida social, no agota la aportación del ser humano a la sociedad humana.

Precisamente por eso surge la noción de *trabajo profesional*. Lo que hoy en día llamamos trabajo profesional no relaciona al hombre directamente sólo con la comunidad familiar, sino con toda la sociedad. Se trata precisamente del *rendimiento directamente social de la actividad humana*. Por eso propiamente la inserción del hombre en el mundo de los hombres, esto es, en la sociedad, está marcada directamente por el trabajo. Mientras que es concebible una sociedad —como la occidental actual, por otra parte— en que un miembro de la sociedad no constituya una familia y no sea por eso un marginado, es casi imposible que no se considere marginado un hombre que no tiene un trabajo profesional en el sentido en que ahora lo acabamos de definir. Y no solo me refiero a la marginación que acompaña a la pobreza, pues incluso quien puede vivir de las rentas se suele considerar despectivamente si no desempeña una ocupación que puede considerarse profesional.

Este rendimiento social exige reconocimiento, aunque puede, desde luego, existir sin él. Si se diera este caso, nos encontraríamos seguramente ante fenómenos de marginación, sobre todo si faltara un reconocimiento social de todas las contribuciones que se llevan a cabo. El trabajo profesional forma parte de la presentación o identidad social del ciudadano.

Un caso muy interesante que plantea la tesis que acabo de defender es el caso de las actividades que se llevan a cabo para sacar adelante a la familia. Cuando no estaba extendido que la mujer trabajara fuera de casa, esta definía en algunas sociedades su ocupación profesional como «sus labores», mientras que las ocupaciones del padre dentro de la familia se consideraban sencillamente como una actividad privada, sin interés fuera de ese ámbito.

Curiosamente, la exaltación de la posibilidad —que, con frecuencia, se ha convertido en mera necesidad social y económica— de que las mujeres ejerzan un trabajo fuera de casa, que acompaña, en buena medida, a una falta de aprecio por las tareas familiares, puede acabar poniendo de manifiesto el rendimiento social de las actividades que se llevan a cabo dentro de la familia. Engendrar, cuidar y educar seres humanos no es un trabajo cualquiera, por supuesto, pero es un trabajo que exige un reconocimiento social, aunque no esté sometido a la lógica económica del mercado de trabajo. Por otra parte, cada vez son más las ocupaciones profesionales que procuran sustraerse, de un modo u otro, a esa lógica, para poner más de manifiesto el servicio que prestan a la sociedad.

Sea como fuere, el rendimiento o aportación social de un sujeto no se agota ni se identifica con las tareas que desempeña de forma privada, sino que se continúa en las que constituyen lo que solemos denominar «trabajo profesional». Ahora podemos definirlo como *la aportación humana públicamente reconocida a la sociedad,* que es, por ende, la que lo pone de un modo primario en relación con ella como un todo.

EL APARTAMIENTO DEL MUNDO

Si estamos de acuerdo en que lo que define el modo de estar en el mundo que nos interesa es el trabajo profesional, parece claro que el religioso debe tomar partido de un modo preeminente respecto de este. Pero, para él, abandonar el mundo no puede consistir solamente en dejar de tener una profesión entre sus congéneres. En este caso solo habría pérdida, pero no apartamiento, porque no habría un lugar positivo adónde ir. Además, el que no tiene trabajo profesional es un marginado, pero un marginado sigue estando en el mundo: solo su presencia en él hace posible que lo siga siendo. La marginación es un fenómeno negativo porque el marginado es una pieza suelta que exige volver a ser encajada. Sigue estando en la sociedad; pero no desempeñando en ella una función, sino como una disfunción suya; y solo porque permanece en ella es un marginado.

Ahora bien, el religioso se aparta del mundo, no porque no tenga una función en él, sino, más bien, porque el lugar que elige para sí, es decir, la *profesión* —el *munus publicum* u ocupación pública— que se propone desempeñar no puede ser acogida como una *profesión más* en el mundo de las relaciones espontáneas entre los hombres. Y es que, en mi opinión, *pretende que su profesión sea*, sencillamente, *la búsqueda de la santidad*.

Esto puede sonar un poco extraño. En efecto, se puede objetar que la búsqueda de la santidad es algo propio de todos los cristianos; y, además, que lo deseable sería que todos los hombres reconocieran en un cristiano a una persona que busca la santidad. Pero, evidentemente, en la mayoría de los cristianos, es decir, en todos aquellos en que la respuesta a la vocación cristiana no ha supuesto una *configuración profesional del seguimiento de Cristo*, la búsqueda de la santidad corresponde al ámbito personal. Dicho con otras palabras, la búsqueda de la santidad de un médico cristiano o de un padre de familia no es lo que la sociedad le demanda directamente, sino que se debe manifestar a través de las actividades que desempeña en ella.

Esto explica una de las diferencias fenomenológicas entre la vida religiosa y la secular. El religioso resulta extraño al mundo espontáneo, representa respecto de este un impacto. Desde el punto de vista cristiano se trata de un impacto benéfico, porque sirve para poner de manifiesto que *una sola cosa es necesaria*[8]. Se trata de un testimonio escatológico[9], puesto que la configuración de la búsqueda de la santidad como una profesión «singular» muestra que las condiciones que determinan la vida humana, y en virtud de las cuales se estructura la sociedad, no son definitivas, sino caducas. Queda así de manifiesto, gracias al testimonio de un modo concreto de vida, que el mundo presente no tiene un sentido pleno y que, por tanto, su consumación no es intrahistórica sino fruto de un don de Dios.

La aceptación por parte de los hombres de este testimonio de vida depende de que se conserve esa tensión trascendente de la historia humana. Sin ella, el religioso se convierte o bien en un elemento molesto e incluso intolerable, o bien, al menos, en un ser incomprensible. Un ejemplo de lo primero es la actitud de los revolucionarios franceses ante los religiosos contemplativos: se les consideraba unos parásitos a quienes era preciso poner

---

[8] Cfr. *Lc* 10, 41.

[9] Cfr. «Y como el Pueblo de Dios no tiene aquí ciudad permanente, sino que busca la futura, el estado religioso, por librar mejor a sus seguidores de las preocupaciones terrenas, cumple también mejor, sea la función de manifestar ante todos los fieles que los bienes celestiales se hallan ya presentes en este mundo, sea la de testimoniar la vida nueva y eterna conquistada por la redención de Cristo, sea la de prefigurar la futura resurrección y la gloria del reino celestial». *Lumen Gentium*, 44.

a trabajar. Un ejemplo de lo segundo, es decir, de que la vida religiosa aparezca como algo incomprensible, lo tenemos, sin ir más lejos, en el mundo actual. En este no encontramos una actitud hostil hacia los religiosos, sino una cultura —en el sentido que da a este término la antropología cultural— desde la cual es difícil formular ante la sociedad la búsqueda de la santidad. Es lógico, lo públicamente consagrado a Dios hace presente, como decimos, el fin último, mientras que la sociedad moderna pone tanto énfasis en la producción y en lo útil que difícilmente encuentra un lugar para el fin que da sentido a los otros fines: este se da por supuesto, o se relega sencillamente al ámbito de lo privado.

Esto provoca, junto a otros factores de la vida de la Iglesia, que incluso los mismos religiosos queden expuestos a un conflicto de identidad. En efecto, es difícil reconocer la propia identidad cuando es negada por los demás. Es cierto que la identidad religiosa, por ser fruto de una vocación, se define en último extremo ante Dios; pero es más fácil mantenerla psicológicamente en un mundo abierto a la trascendencia que en uno en que esta se encuentra oscurecida. Y, por supuesto, esta dificultad es directamente proporcional al grado de relación que de hecho sus representantes tengan con el mundo.

Conviene recordar que el apartamiento del mundo es inherente a la opción que ha tomado el religioso. Puede servir para definirlo porque es una consecuencia patente y de especial importancia de su vocación respecto del mundo espontáneo. Sin embargo, resulta posible comprender que muchos religiosos no acepten que se defina su elección como un apartarse del mundo. No se puede elegir algo negativo si no es en función de un bien positivo. El apartamiento o, como antes se solía decir, el «desprecio del mundo», no es lo directamente querido, sino la consecuencia necesaria de su elección —una consecuencia que puede ser psicológicamente querida— y, además, según el presente planteamiento, admite tal variedad de realizaciones que resulta imposible entender en qué consiste ese apartamiento sin dirigirse al núcleo del problema.

Ahora bien, llegados a este punto se hace necesario precisar que abandonar el mundo en este sentido no quiere de ningún modo decir dejar de influir en él. De hecho, la influencia del fenómeno de la vida religiosa se puede rastrear incluso mucho más allá del ámbito de la sociedad eclesial[10].

LA VOCACIÓN SECULAR

Antes de continuar, quiero dejar claro que no pretendo que mi caracterización de la vida religiosa sea la única posible. Es comprensible que algunos religiosos no se sientan del todo cómodos con ella y prefieran subrayar otros aspectos de su vida como la dedicación a la oración, el sometimiento a una disciplina de vida, etc. Seguramente caben otras formas de describir la vida religiosa y, sobre todo, de vivirla existencialmente. Pero conviene advertir que lo que aquí me propongo es entender la

---

[10] La descripción de un ejemplo de esta influencia social se puede encontrar en H. MARÍN, *La invención de lo humano. Las génesis sociohistórica del individuo, formas epocales del humanismo. El humanismo estamental*, Iberoamericana, Madrid 1997.

secularidad de los fieles que podemos denominar «corrientes» —entre los que incluyo ahora buena parte de los sacerdotes— precisamente por contraposición con la condición de los religiosos.

En este sentido, se ha señalado con frecuencia que la definición del laico se ha hecho siempre de un modo negativo. El laico es el que no está ordenado, y el más laico de todos sería el que además no es religioso. Y en no pocas ocasiones esto ha conducido a lamentarse a aquellos que lo veían como una consecuencia de la poca consideración en que se tenía a los laicos en la Iglesia y también a intentar definiciones o caracterizaciones del laico que atendieran a lo positivo.

Pues bien, una de las consecuencias de lo que venimos diciendo consiste en darse cuenta de que la definición negativa del laico no implica *necesariamente*[11] la minusvaloración de su papel en la Iglesia y en el mundo, aunque en la práctica haya podido coincidir con ella. La razón de la definición negativa se encuentra en que el cristiano, el bautizado, sin añadido de ningún tipo, es el laico, es decir, el laico es aquel a quien su respuesta al mensaje de Cristo no le ha hecho tomar una decisión respecto de su lugar en el mundo (lo que caracteriza, sin embargo, a la opción del religioso) ni se encuentra determinada por la misión que deriva de otra consagración sacramental, esto es, el sacramento del Orden.

---

[11] Cfr. R. LANZETTI, «L'indole secolare propria dei fedeli laici secondo l'esortazione apostolica postsinodale *Christifideles laici*», *Annales Theologici* 3 (1989); J. R. VILLAR, «Gli elementi definitori dell'identità del fedele laico», *Ius Ecclesiae*, XXIII (2011), 339-358.

Es cierto que, en ocasiones se ha pensado en el laicado como la simple «materia prima» de las demás determinaciones, vinieran estas por el sacramento del orden o por la entrada en la vida religiosa, sin que después se atribuyera una tarea peculiar, una vocación peculiar, al «resto» que quedaba. A esto conviene observar, en primer lugar, que una definición negativa no implica necesariamente minusvaloración, como, por ejemplo, la definición de «sano» como «aquel que no padece ninguna enfermedad». Si comparamos la situación en la Iglesia con la vida de la sociedad, se suele distinguir entre los ciudadanos, por ejemplo, los que, de un modo u otro, ocupan puestos de responsabilidad política y los que se dedican al servicio militar o al orden público. ¿Se puede decir que el «simple» ciudadano no aporta nada por sí mismo, por su actividad, por su trabajo? Más bien debemos decir que la función de los estamentos que he mencionado está ordenada a favorecer la vida ordinaria del resto de los ciudadanos.

Pero, además y sobre todo, aceptar que la definición de laico es negativa es distinto de afirmar que el laico no tiene ninguna misión propia. Es aquí donde no se puede admitir una caracterización negativa. No haber salido del mundo ni haber sido consagrado sacerdote ministerial no implica en modo alguno no tener una misión positiva en él. Y la razón es que, por necesarias e importantes que sean estas determinaciones para la iglesia, ninguna de ellas convierte por sí misma a alguien en «más cristiano» o convierte en menos relevante el papel del resto de los cristianos. Al contrario, puesto que la vocación bautismal, que es la que nos convierte en cristianos e implica, no lo olvidemos, una consagración sacerdotal —el sacerdocio

común—, comporta la llamada a la santidad. Una llamada a la que se debe responder en el lugar en que cada uno
se encuentra. Quien está en el mundo y no es clérigo debe
santificarse tomando ocasión de aquello que tiene entre
manos. Por eso lo propio del laico es la santificación *ab
intra* —desde dentro, pues dentro se encuentra— de las
realidades terrenas.

Cabe decir algo más sobre este asunto. Es posible que se
introduzca en el tratamiento de esta cuestión una sutil tras-
posición del espíritu religioso, que debe ser rechazada en
honor de la verdad de las cosas. Ocurre cuando se pretende
definir la vocación del laico a santificar las realidades temporales *ab intra* como una determinación sobreañadida, y
se rechaza que los laicos son todos aquellos que no son
religiosos ni clérigos[12]. Esto significaría pretender trasladar
el esquema de la vocación religiosa a los laicos, e implica
una valoración rebajada del bautismo y de la vocación a
la santidad que comporta, y, tal vez, también una reduc-
ción del ámbito de la laicidad secular: una vocación a la
santidad que no necesita «reforzarse» con otras determinaciones, sino que se realiza de maneras distintas que, en resumen, consisten en diferentes modos de servir a la Iglesia
y a la sociedad. En otras palabras, el cristiano corriente está
llamado a la santidad porque ha sido bautizado, porque es

---

[12] En este sentido parece moverse la eclesiología de Hans Urs von
Balthasar, que parece proponer como ideal del cristiano el religioso y
como propio de la laicidad el matrimonio. Cfr. H. U. von Balthasar,
Estados de vida del cristiano, Encuentro, Madrid 1994. Un magnífico
resumen y discusión de su planteamiento en P. O'Callaghan, «Gli
stati di vita del cristiano. Riflessioni su un'opera di Hans Urs von
Balthasar», *Annales theologici*, 21, 2007, 61-100.

cristiano, y no porque, además de esto, haya recibido una misión que lo introduce en el mundo.

LA SECULARIDAD DE LOS SACERDOTES SECULARES

Suele ser frecuente que, al exponer las diversas vocaciones que existen en la entraña de la Iglesia, se comience enumerando la tríada de laicos, religiosos y sacerdotes. En mi opinión, y como se puede deducir del punto de vista hasta ahora adoptado, este planteamiento presenta dificultades. Si bien es cierto que bajo estas denominaciones se esconden unas características vocacionales diversas, es decir, que cada uno de ellos constituye un grupo con características propias, de modo que puede ser estudiada cada uno por separado, como lo hace, por ejemplo, el Concilio Vaticano II, no por eso deja de producir perplejidad cuando se propone como división de los fieles.

La razón salta a la vista: al menos en dos de estos grupos, encontramos mezclados a los de otro. En efecto, los religiosos pueden ser sacerdotes o no, y, a su vez, los que no son religiosos pueden también ser sacerdotes o no. Esto sin contar con la ambigüedad del término laico que, en este contexto, por fortuna, normalmente no aparece.

La respuesta a esta objeción suele consistir en que, al igual que con el término laico se designa al que solo es eso, con el término de sacerdote se quiere designar al que tan solo es ministro sagrado. De este modo, los religiosos quedarían englobados en un conjunto aparte, independientemente de que posean el sacramento del orden o no.

Pero resulta claro que en estas condiciones estamos desenfocando el estudio de las características de cada fiel.

Porque, en rigor, cuando hablamos del papel del sacerdocio ministerial y de la espiritualidad que le corresponde estamos diciendo cosas que se pueden aplicar a todos aquellos que son sacerdotes en la Iglesia. Del mismo modo, cuando hablamos del religioso, debemos poder hablar de todos los religiosos independientemente de que estén ordenados o no. De lo contrario habría que admitir o bien que la vocación religiosa suspende las consecuencias eclesiológicas del sacerdocio, o bien que el sacerdocio anula las peculiaridades de la vocación religiosa. El resultado ordinario es que, al hablar de secularidad como nota peculiar del laico, se le acaba sustrayendo al sacerdote secular.

Lo que ocurre es que aquí se mezclan criterios distintos. La ordenación sacerdotal no determina la relación del sujeto que la recibe con el mundo del mismo modo que el apartamiento del mundo propio del religioso. Y la razón es que el sacerdocio implica un modo de servir a los hombres que deriva de un poder sacramental. Por eso el sacerdote no sale en absoluto del mundo en virtud de la ordenación. Si negáramos que el «trabajo profesional» del sacerdote puede ser recibido por el mundo espontáneo, estaríamos afirmando que la sociedad de los hombres se estructura necesariamente de espaldas a Dios.

Conviene recordar que la reticencia a aplicar a la actividad del sacerdote la categoría de «profesión» se debe a la comprensión propia de las economías modernas liberales del trabajo como mercancía que se compra y que se vende. En este sentido se puede decir que el sacerdocio no es una profesión, sino un ministerio. Ahora bien, si se entiende, correctamente, que la esencia del trabajo es el servicio, entonces cabe incluso decir que toda actividad

profesional es o debe ser comprendida como un ministerio, que no es otra cosa que decir como un servicio.

Se puede objetar que el sacerdote es una persona sacra
como el religioso. Pero a esto se debe responder que, efectivamente, es una persona sacra, pero no como el religioso[13]. El sacerdote no pretende que su profesión, su lugar
ante el mundo, sea la búsqueda de la santidad. Lo que
determina el oficio del sacerdote es el ejercicio en bien de
los fieles de la *sacra potestas* que le ha sido conferida. De
este modo el sacerdote coincide con todos los seculares
en desempeñar ante los hombres un oficio distinto de la
búsqueda de la santidad[14].

Pero, se puede seguir objetando, la relación entre la
búsqueda de la santidad y el oficio que uno desempeña
en este caso es radicalmente distinta, porque el sacerdote,

---

[13] A propósito de los sentidos del término consagración, cfr. F. Puig,
La consacrazione religiosa. Virtualità e limiti della nozione teológica,
Giuffré Editore, Roma 2010.

[14] Puede resultar aclarador este texto de san Josemaría Escrivá: «Por
eso al Opus Dei se asocian también sacerdotes diocesanos, que siguen
siendo sacerdotes diocesanos igual que antes, puesto que la Obra les
ayuda a tender a la perfección cristiana propia de su estado, mediante la
santificación de su trabajo ordinario, que es precisamente el ministerio
sacerdotal al servicio de su Obispo, de la diócesis y de la Iglesia entera.
También en su caso la vinculación al Opus Dei no modifica para nada
su condición: continúan plenamente dedicados a las misiones que les
confíe el respectivo Ordinario y a los otros apostolados y actividades
que deben realizar, sin que jamás interfiera la Obra en esas tareas; y se
santifican practicando lo más perfectamente posible las virtudes propias de un sacerdote». *Conversaciones con Mons. Escrivá de Balaguer*,
Rialp, Madrid 1996, 143. Cfr. L. F. Mateo Seco, R. Rodríguez Oca-
ña, *Sacerdotes en el Opus Dei*, EUNSA, Pamplona 1994.

para cumplir su oficio necesita la santidad[15]. Ahora bien, hay que negar en absoluto que esto sea así. La relación es la misma —aunque tal vez en el sacerdote es más clara— porque *el adecuado desempeño cristiano de cualquier tarea en el mundo exige la santidad.*

Si nos remitimos a la división secular-religioso, la ordenación sacerdotal no se inmiscuye. Aquel ordenado que no toma la opción de separarse del mundo, se queda en él y es tan secular como el laico que solo ha recibido el bautismo. Al mismo tiempo, por poner un ejemplo, el religioso que recibe la ordenación posee el ministerio sacerdotal como el otro y es tan religioso como antes. El ser religioso influirá en el modo de desempeñar la misión que deriva de haber recibido el sacramento del orden, pero esta será tan sacerdotal como la del sacerdote secular.

Según me parece, la luz que ilumina a fin de cuentas este asunto se encuentra en que cada uno es llamado a santificarse en el lugar en que se encuentra. La respuesta a la vocación universal a la santidad puede conducir a que el lugar cambie —como en el caso del religioso—, pero no por eso el principio pierde su valor.

---

[15] «(...) Las órdenes sagradas presuponen la santidad: pero el estado de religión es un cierto ejercicio para alcanzar la santidad». Tomás de Aquino, *S. Th.*, II-II, q. 189, a. 1.

II.
LIBERTAD, FILIACIÓN DIVINA
Y SECULARIDAD

AL PENSAR EN LA RELIGIÓN, en todo aquello que se suele incluir bajo este término, pocos piensan en la libertad. En el imaginario contemporáneo la religión es más bien algo de lo que uno se puede —o tal vez se debe— liberar. Se considere un fenómeno positivo o negativo, lo primero que evoca son las obligaciones que imponen cualquier culto o unas determinadas creencias: lo pensamos unido a la obediencia y la renuncia. Resulta, por tanto, extraño a nuestros contemporáneos que la fe cristiana —que es aquella que, aunque lejana y borrosamente, tiene como referente la cultura occidental—, se haya presentado, en realidad, desde el principio como una liberación. Es comprensible esta extrañeza porque esa conciencia de libertad que sentían y manifestaban los primeros cristianos falta con frecuencia entre los que viven en nuestro tiempo. ¿A qué se debe este cambio? ¿Se han transformado de algún modo nuestra comprensión y nuestra vivencia de la libertad hasta facilitar o provocar este malentendido?

En el Opus Dei la libertad no solo se respeta, sino que ocupa un lugar destacado en su tarea evangelizadora y en la vida de sus miembros, hasta tal punto que resulta casi imposible describir su peculiar lugar dentro de la misión de la Iglesia sin mencionarla expresamente. De hecho, recientemente el prelado del Opus Dei ha dedicado a este tema una de sus cartas pastorales[1] , donde se hace eco de las numerosas enseñanzas de san Josemaría sobre la libertad. En este sentido, el fundador del Opus Dei señalaba en una ocasión que es preciso «formar cristianos llenos de optimismo y de empuje capaces de vivir en el mundo su aventura divina —*compossessores mundi, non erroris* (TERTULIANO, *De idolol.* 14.); poseedores del mundo, con los otros hombres, no del error—; cristianos decididos a fomentar, defender y amparar los intereses —los amores— de Cristo en la sociedad; que sepan distinguir la doctrina católica de lo simplemente opinable, y que en lo esencial procuren estar unidos y compactos; que amen la libertad y el consiguiente sentido de responsabilidad personal»[2].

---

[1] Cfr. FERNANDO OCÁRIZ, *Carta pastoral*, 9.I.2018.

[2] SAN JOSEMARÍA, *Carta*, *2-X-1939*, n. 6 (Archivo General de la Prelatura [en adelante AGP], serie A.3, 91-5-2). Tanto por su temperamento como, sobre todo, porque lo veía como una exigencia irrenunciable de la llamada que había recibido de Dios, amaba la libertad hasta el punto de que se consideraba «el último romántico. El santo aragonés se consideraba un continuador de los románticos del siglo XIX que luchaban por la libertad personal: "Pienso que soy el último romántico, porque amo la libertad personal de todos —la de los no

42

No pretendo ahora llevar a cabo un estudio exhaustivo sobre el lugar de la libertad en el espíritu del Opus Dei y sobre todas sus consecuencias. Me limitaré a poner de relieve el lugar central que tiene en él la libertad y la coherencia que guarda este hecho con sus rasgos esenciales[3].

FILIACIÓN DIVINA Y SECULARIDAD

En cierto sentido, pienso que podríamos definir la vocación al Opus Dei como una llamada a la santidad que se caracteriza *externamente* por *ser en el mundo* —o sea, la secularidad—, e *internamente* por *estar radicada en un esencial y profundo sentido de la filiación divina*. Al menos así lo expresaba el beato Álvaro del Portillo: «Santidad en el mundo y, al mismo tiempo, enraizada y alimentada dentro de un esencial y profundo sentido de la filiación sobrenatural del cristiano en Cristo. Si el primer postulado —*darse en el mundo*— podría definirse como una cualidad externa definitoria de la vocación a la santidad anunciada por el beato Josemaría Escrivá, el segundo —su radicarse en el *sentido de la filiación divina*— debe ser entendido como la cualidad interna definitoria por

---

católicos también—"», (M. FAZIO, *El último romántico. San Josemaría en el siglo XXI*, Rialp Madrid 2018, 15).

[3] Se puede recurrir a otros estudios que tienen como objetivo exponer una panorámica de la concepción de san Josemaría sobre la libertad, como el de FRANCESCO RUSSO, voz «Libertad», en J. L. ILLANES, (coord.), *Diccionario de san Josemaría Escrivá de Balaguer*, Monte Carmelo— Instituto Histórico san Josemaría Escrivá de Balaguer, Burgos— Roma 2013, 732-741.

excelencia, la más característica, la más importante»[4].
Este énfasis se corresponde con la clara afirmación de san
Josemaría de que la filiación divina o, como señalaba en
otras ocasiones, el sentido de la filiación divina es el fundamento de la vida interior de quienes buscan la santidad
con el espíritu del Opus Dei[5].

Tomaré como guía esta «especie» de definición, pues
pienso que las dos características que subraya permiten
organizar de un modo adecuado los diversos aspectos que
componen esta particular vocación, el espíritu que la anima y la institución que la promueve y preserva.

En concreto, el tema que nos ocupa, la libertad, se
encuentra explícitamente conectado con ambas cualidades. Proponer la santidad en medio del mundo implica
afirmar la condición secular de los llamados a ella y la
mentalidad laical que les corresponde. ¿Qué caracteriza

---

[4] «Santità nel mondo e, allo stesso tempo, radicata e nutrita
all'interno di un essenziale e profondo senso della filiazione sopran-
naturale del cristiano in Cristo. Se il primo postulato —l'essere *nel
mondo*— potrebbe definirsi come una qualità esterna definitoria della
vocazione alla santità annunciata dal beato Josemaría Escrivá, il secondo —il suo radicarsi nel *senso della filiazione divina*— va inteso come
la qualità interna definitoria per eccellenza, la più caratteristica, la più
importante» (ÁLVARO DEL PORTILLO, cit. en *Santità e mondo. Atti del
Convegno teologico di studio sugli insegnamenti del beato Josemaría Escrivá (Roma, 12-14 ottobre 1993)*, Libreria Editrice Vaticana, Città del
Vaticano 1994, 225. La traducción y el subrayado son del autor).

[5] «La filiación divina es el fundamento del espíritu del Opus Dei»
(SAN JOSEMARÍA, *Es Cristo que pasa*, n. 64). «El fundamento sólido por
el que se mantiene todo en el Opus Dei y la raíz fecunda que vivifica
todo es el sentido humilde y sincero de la filiación divina en Cristo
Jesús» (*Estatutos del Opus Dei*, n. 80 §1).

a esa mentalidad laical? Así responde san Josemaría: «Libertad, hijos míos, libertad, que es la clave de esa mentalidad laical que todos tenemos en el Opus Dei»[6]. Y, para comprobar la profunda unión entre la filiación divina y la libertad, basta considerar sus comentarios a las palabras de Jesús: «(...) *Veritas liberabit vos* (*Ioh* 8, 32), la verdad os hará libres. Qué verdad es esta que inicia y consuma en toda nuestra vida el camino de la libertad. Os la resumiré, con la alegría y con la certeza que provienen de la relación entre Dios y las criaturas: saber que hemos salido de las manos de Dios, que somos objeto de la predilección de la Trinidad Beatísima, que somos hijos de tan gran Padre. Yo pido a mi Señor que nos decidamos a darnos cuenta de eso, a saborearlo día a día: así obraremos como personas libres. No lo olvidéis: el que no se sabe hijo de Dios, desconoce su verdad más íntima, y carece en su actuación del dominio y señorío propios de los que aman al Señor sobre todas las cosas»[7].

Esta íntima conexión de la libertad con el fundamento del espíritu del Opus Dei muestra por sí sola que la libertad penetra todas las dimensiones de esta peculiar vocación. Proponerla además como clave de la secularidad, que es otro de sus rasgos esenciales, añade a la noción una nueva nota de interés, y parece incluso sugerir una indicación para entender qué relación guarda el sentido de la filiación divina con la secularidad, como dos cualidades definitorias de la vocación al Opus Dei.

---

[6] San Josemaría, *Carta 29-IX-1957*, n. 55 (AGP, serie A.3, 94-1-3).
[7] Id., *Amigos de Dios*, n. 60.

La historia y el progreso
de la conciencia de libertad

El espíritu del Opus Dei ve la luz en un momento histórico en que la libertad ha cobrado tal importancia que se ha llegado a utilizar como categoría para explicar el sentido mismo de la historia universal. Así, ya para Hegel, «el fin último del mundo es que el espíritu tenga conciencia de su libertad y que de este modo su libertad se realice»[8]. Conviene señalar el inesperado paralelismo entre esta afirmación y otra de san Juan Pablo II: «En el umbral de un nuevo milenio somos testigos de cómo aumenta de manera extraordinaria y global la búsqueda de libertad, que es una de las grandes dinámicas de la historia del hombre. Este fenómeno no se limita a una sola parte del mundo, ni es expresión de una única cultura. Al contrario, en cada rincón de la tierra hombres y mujeres, aunque amenazados por la violencia, han afrontado el riesgo de la libertad, pidiendo que les fuera reconocido el espacio en la vida social, política y económica que les corresponde por su dignidad de personas libres. Esta búsqueda universal de libertad es verdaderamente una de las características que distinguen nuestro tiempo»[9]. Resumiendo esta inspiración, el prelado del Opus Dei afirma: «La pasión por la libertad, su exigencia por parte de personas y pueblos, es un signo positivo de

---

[8] G. W. Friedrich Hegel, *Lecciones sobre la filosofía de la historia universal*, Alianza Editorial, Madrid 1999, 68.

[9] San Juan Pablo II, *Discurso a la quincuagésima Asamblea General de las Naciones Unidas (5-X-1995)*. (Original en italiano, traducción disponible en www.vatican.va).

46

nuestro tiempo»[10]. La conciencia de que el progreso en la conciencia de la libertad y en la exigencia de su realización es un signo positivo de los tiempos forma, por tanto, parte de una comprensión cristiana de la historia.

Esta toma de conciencia de la importancia de la libertad se encuentra unida con la secularización[11], entendida como el proceso por el que el mundo secular ha adquirido conciencia de su autonomía. La secularización, entendida como la afirmación de las leyes que rigen espontáneamente las actividades de los seres humanos y sus relaciones mutuas, puede considerarse una consecuencia de la afirmación de la naturaleza. Aun con vacilaciones a la hora de manifestarse a lo largo de la historia, esta se encuentra ya presente desde el principio en la vida y en la predicación cristianas[12]. A esta convicción cabe atribuir,

---

[10] FERNANDO OCÁRIZ, *Carta pastoral*, 9.I.2018, n. 1.

[11] «Considero que la Modernidad puede ser identificada con un proceso de secularización, pero esta tiene, al menos, dos significados esenciales. El primero de ellos equivaldría a una desclericalización del mundo medieval, a través del redescubrimiento de la autonomía relativa de lo temporal. El segundo, por el contrario, se identificaría con la afirmación absoluta del hombre, cortando todos los puentes con una posible instancia trascedente» (M. FAZIO, *Secularización y cristianismo. Las corrientes culturales contemporáneas*, Universidad de Libros, Buenos Aires 2008, 15). Sobre el concepto de secularización, cfr. J. I. MURILLO, «Trabajo, santidad y secularidad. Una alternativa católica a la interpretación hegeliana de la divinización del mundo», en J. LÓPEZ DÍAZ y F. M. REQUENA (eds.), *Verso una spiritualità del lavoro professionale. Teologia, Antropologia e Storia a 500 anni dalla Riforma*, EDUSC, Roma 2018, 335-349 (capítulo 5 de este libro).

[12] El Concilio Vaticano II reconoce la autonomía de las realidades temporales si se entiende por ella que «las cosas creadas y la sociedad misma gozan de propias leyes y valores, que el hombre ha de descubrir,

entre otras cosas, al menos en la cultura occidental, el reconocimiento de la autonomía de la política, el derecho y la ciencia, que han permitido la aparición de las sociedades modernas[13]. De hecho, es algo comúnmente aceptado que, en el proceso por el que la humanidad toma conciencia de la libertad, el cristianismo ocupa un lugar decisivo. Para algunos, sin embargo, este proceso conduce necesariamente a la secularización entendida en otro sentido, quizá el más común en el discurso público: la marginación del hecho religioso y sus manifestaciones, que llega a entenderse como requisito para realizar una sociedad plenamente libre. Esta última forma de comprender la libertad supone un largo y complejo desarrollo histórico.

En el mundo antiguo la libertad (*eleuthería*) tiene ante todo una connotación social y política, que se encuentra vinculada a las leyes que rigen la polis. No es libre quien es ajeno a la ley, sino quien es medido por ella. El hombre libre se contrapone así al esclavo, que no es reconocido como ciudadano de pleno derecho ni participa del fin colectivo de la polis, y cuya actividad se encuentra orientada a los fines de otro. Esta importancia del reconocimiento de la ley explica la gravedad que se atribuye a la condena al destierro, que priva al desterrado de la condición de posibilidad para el

---

emplear y ordenar poco a poco» (*Gaudium et spes*, n. 36). Cfr. E. Reinhhardt, «La legítima autonomía de las realidades temporales», *Romana* 15 (1992/2), 323-335.

[13] Cfr. M. Rhonheimer, *Cristianismo y laicidad: historia de una relación compleja*, Rialp, Madrid 2009; R. Brague, *La ley de Dios: historia filosófica de una alianza*, Encuentro, Madrid 2011.

despliegue de la propia humanidad. Este se encuentra muerto desde el punto de vista social[14].

La filosofía socrática formula un nuevo sentido de la libertad, para el que lo que hoy llamaríamos ser libre consiste ante todo en conocer —o, al menos, buscar— el verdadero bien, más allá de los deseos inmediatos. En consecuencia, lo que más se opone a la libertad es la ignorancia. La inspiración socrática se traduce en diversas propuestas para alcanzar el bien humano, que tienen como guía la búsqueda racional del verdadero bien y la determinación, también racional, de los medios adecuados para conseguirlo. Una de ellas —extrema en sus manifestaciones, pero muy significativa, porque pone de manifiesto la limitación del orden social y los peligros que puede suponer para la vida buena— es la que encarna el movimiento cínico, que propone seguir las tendencias

---

[14] Sirva como ilustración este comentario al *Critias* platónico, que relata el intento de convencer a Sócrates para que huya de Atenas y escape así a la condena a muerte que esta le ha impuesto: «Preferir la muerte al destierro es proclamar que la separación de la *polis* es más letal para lo específicamente humano que la muerte física. Semejante convicción implica que la racionalidad sólo alcanza a constituirse como principio operativo, como *physis*, en el seno de un espacio intersubjetivo por el reconocimiento, en una ciudad de hombres libres». Los esclavos, en cambio, «no están gestados y educados según norma, y no son reconocibles sino como lo extraño; no son de la estirpe de los hombres dependientes de la ley, y, por tanto, son "libres" respecto de ellas en el sentido de que pueden eludirlas sin incurrir en impiedad. Pero al precio de ser constitutivamente impíos, es decir, de ser esclavos, de carecer de linaje que venerar y de leyes que obedecer, de carecer de la medida de lo humano» (H. MARÍN, *La invención de lo humano. La construcción sociohistórica del individuo*, Iberoamericana, Madrid 1997, 67).

que consideran naturales y rechazar las que nos imponen las convenciones sociales.

Con el helenismo, la polis pierde independencia y relevancia. Se cobra conciencia de que no es posible reducir la humanidad al estrecho ámbito de la propia sociedad y que la ley de esta no puede ser ya concebida como la medida de lo humano. En este contexto, en que falta una norma social que mida la acción, los estoicos formulan, en continuidad con la noción de libertad moral socrática, la noción de ley natural. El hombre no se entiende ya, en primer lugar, como ciudadano de una polis, sino como ciudadano del cosmos y sometido a la legalidad de este. El reconocimiento racional y la aceptación de esta ley superior nos libera de la necedad de quien no es capaz de ordenar sus deseos de acuerdo con la realidad.

Para los estoicos lo que corresponde al ser humano es aceptar el destino, aquello que no podemos cambiar, y actuar de acuerdo con la naturaleza, es decir, buscar el acuerdo de todas las tendencias con la parte más noble del hombre, la razón. En este contexto, entienden la libertad como *apátheia* (ausencia de pasión), y consideran que esta es un fruto de la virtud, que es la que hace al hombre dueño de sí. Ser libre es no encontrarse a merced de las pasiones, que provocan el descontrol de las fuerzas humanas y la someten a lo inferior, y no ser afectado por los acontecimientos externos.

Pero es el cristianismo el que va a poner la libertad en el centro de la comprensión de la realidad al afirmar que Dios crea libremente suscitando novedades que, a su vez, en el caso de las personas, pueden aceptar libremente su condición de criaturas y escoger su destino: «La Creación misma es una manifestación de la libertad divina. Los relatos del Génesis dejan entrever el amor creador de Dios, su alegría por comunicar al mundo su bondad, su belleza (cfr. *Gn* 1,31), y al hombre su libertad (cfr. *Gn* 1,26-29). Al llamarnos a cada uno a la existencia, Dios nos ha hecho capaces de elegir y querer el bien, y de responder con amor a su Amor»[15]. Ser libre coincide, para las personas humanas, con la capacidad de corresponder por propia iniciativa al amor de Dios y, en consecuencia, también con la independencia respecto de todo lo que pueda impedir la realización de ese sentido último de la libertad. La libertad humana es así el reflejo —imagen— de la libertad de un Dios que es comunión amorosa de personas y que crea sin necesidad alguna, por libre amor a sus criaturas.

La medida del hombre no es ya ser buen ciudadano de una polis constituida según leyes humanas. Aunque la inspiración cristiana recoge y refuerza el carácter interpersonal implícito en aquella concepción antigua: es lo que san Agustín denomina *la Ciudad de Dios*. Una de las características más señaladas de esta nueva comunidad —que se realiza misteriosamente en la historia, pero cuya realización plena será escatológica—, es que están llamados a pertenecer a ella todos los hombres.

También se recoge, dándole un nuevo sentido, la visión estoica de la libertad como independencia de todo lo exterior. Pero ser libre ya no se reduce a ser dueño de sí y no ser afectado por lo externo; ahora es la posibilidad de unirse a Dios, el bien supremo, participando así de su dominio soberano sobre el cosmos. Al ofrecerle un destino

---

[15] FERNANDO OCÁRIZ, *Carta pastoral*, 9.I.2018, n. 2.

—una destinación, diríamos más bien, para distinguirla del destino estoico—, Dios no obliga al ser humano a renunciar a sus más profundas aspiraciones, sino que le insta a realizarlas: «El sentido de la filiación divina conduce por eso a una gran libertad interior, a una profunda alegría y al optimismo sereno de la esperanza: *spe gaudentes* (*Rm* 12,12). Sabernos hijos de Dios nos lleva también a amar al mundo, que salió bueno de las manos de nuestro Padre Dios, y a afrontar la vida con la clara conciencia de que se puede hacer el bien, vencer al pecado y llevar el mundo a Dios»[16]. La confianza en un Dios todopoderoso y benevolente cambia así el sentido de la libertad, que ya no se concibe como la capacidad de ajustar racionalmente los propios deseos a aquello que se encuentra en nuestro poder. Y es que para quien libremente decide corresponder al amor de Dios, todo coopera para bien (*Rm* 8, 28), de modo que se siente seguro para afirmar y reforzar sus deseos más profundos y para aspirar a la plenitud del bien. Por eso ahora aquello de que es preciso liberarse es, ante todo, el pecado, que es el responsable de la esclavitud del hombre, de su sometimiento a lo inferior y, en definitiva, del aislamiento que frustra su condición personal.

Aceptar la existencia de un Dios inteligente, libre y todopoderoso podría resultar terrible si no estuviera unido a la convicción de que nos mira con complacencia y quiere nuestro bien. Esta convicción puede quedar empañada por la conciencia del pecado, que, si no está unida a la esperanza, induce a huir de la divinidad, a negarla o a deformar su imagen. Pero es restaurada por la fe en

---

[16] *Ibid.* n. 2.

Jesucristo. La libertad que Cristo nos ha ganado es la propia de los hijos, y el buen padre no ejerce su autoridad en beneficio propio sino del hijo: «Con la gracia, surge una nueva y más alta libertad para la que «Cristo nos ha liberado» (*Gal* 5,1). El Señor nos libera del pecado mediante sus palabras y sus obras: todas tienen eficacia redentora. Por eso, «en todos los misterios de nuestra fe católica aletea ese canto a la libertad» (*Amigos de Dios*, n. 25)»[17]. La seguridad de que el Dios que nos crea y nos ama —a diferencia de las divinidades paganas, sometidas al destino— es omnipotente y es el Señor de la historia garantiza una liberación absoluta y otorga a la dignidad humana un significado nuevo.

Aunque el fermento de esta nueva doctrina obra ya desde el primer momento en la vida espiritual de todos los cristianos, transformando su vida personal y su visión del mundo, hará falta tiempo para extraer todas sus consecuencias y aplicarlas a las diversas dimensiones de la vida personal y social.

LIBERTAD CRISTIANA Y FILIACIÓN DIVINA

Pero este proceso no resulta pacífico. En la época moderna la libertad adquiere un nuevo protagonismo. Una manifestación política de esta sensibilidad son las revoluciones de finales del siglo XVIII, a la que sigue la expresión teórica, sobre todo en torno al idealismo alemán. Ambas inspiraciones, la política y la teórica, se traducirán en diversas iniciativas y movimientos a lo largo del siglo XIX,

---

[17] FERNANDO OCÁRIZ, *Carta pastoral*, 9.I.2018, n. 3.

cuyas consecuencias llegan hasta el siglo xx y, a través de él, a nuestros días.

En concreto, en los tiempos modernos se descubre que la libertad significa también la capacidad de introducir novedades en la historia mediante la propia acción[18]. Esta capacidad se experimenta como posibilidad de progreso no solo moral y personal, sino también social. La formulación de este sentido de la libertad matiza el énfasis que los clásicos ponían en que la libertad consistía ante todo en seguir la naturaleza racional y en el perfeccionamiento propio a través de las propias acciones. Esta convicción se traducía en un cierto desdén por la actividad productiva y los beneficios que puede reportar, que quedaban relegados casi exclusivamente a posibilitar y garantizar la vida. En la modernidad, sin embargo, crece la confianza en la capacidad creadora y transformadora del hombre. De todos modos, junto con este descubrimiento, en ella toma cuerpo una nueva interpretación de la naturaleza y del dinamismo humano. La naturaleza se entiende como un ámbito desprovisto de fines y sujeto a leyes, y la libertad como la posibilidad de autodeterminarse. Esto conduce poco a poco a concebirla como simple independencia y a oponerla a la naturaleza, que aparece como un límite que es preciso dominar o superar.

Comprender la libertad como la independencia de un ser indeterminado capaz de autorrealizarse por sí mismo impide reconocerla como capacidad creada de responder libremente al amor y obliga a rechazar que exista una naturaleza que le pueda ofrecer criterios acerca de lo

---

[18] Cfr. L. POLO, *Persona y libertad*, EUNSA, Pamplona 2017.

conveniente y de lo que no lo es. Se comprende que esta concepción de la libertad, que toma cuerpo en la modernidad, puede llegar a merecer la severa denuncia que le dirige Cornelio Fabro: «Faltándole un fundamento trascendente, la libertad se ha constituido en objeto y fin de sí misma: se ha convertido en una libertad vacía, en una libertad de la libertad, ley de sí misma porque es libertad sin más ley que la explosión de los instintos o la tiranía de la razón absoluta, que se revela después como capricho del tirano»[19]. En esta complicada historia, la reivindicación de la libertad parece separarse del cristianismo hasta el punto de llegar a enfrentarse con él y de inspirar sistemas de pensamiento y movimientos políticos abiertamente anticristianos o incluso ateos.

Es precisamente en este contexto, pleno de anhelos pero intelectualmente confuso, en el que san Josemaría reivindica el sentido cristiano de la libertad, convencido de que es el único capaz de abarcar y vivificar todos los sentidos legítimos que su mención evoca en los seres humanos: «Los cristianos —afirma— no tenemos que pedir a nadie el verdadero sentido de ese don, porque la única libertad que salva es cristiana»[20].

Donde quizá se muestra con más claridad su discrepancia con las concepciones modernas a que me refería es en la estrecha vinculación que, como hemos visto, defiende entre la libertad y la filiación divina; y es que «uno de los fenómenos más notorios de las ideologías modernas

---

[19] C. Fabro, «El primado existencial de la libertad», en *Monseñor Escrivá de Balaguer y el Opus Dei*, EUNSA, Pamplona 1982 (2.ª ed.), 342.
[20] *Amigos de Dios*, n. 35.

es el no querer ser hijo, el considerar la filiación como una deuda intolerable»[21]. Sin embargo, «cualquiera que sea la duración de su biografía, el hombre siempre es interpelado por la cuestión de su origen, interpelación que le encamina al reconocimiento de su ser generado, del que no puede hurtarse: no puede soslayarlo o sustituirlo. La identidad personal es, por tanto, indisociable de ese reconocimiento»[22].

Ese reconocimiento nos remite a nuestra condición de criaturas. En ocasiones se tiende a minusvalorar la doctrina cristiana de la creación, no negándola, pero sí tratándola como un «hecho» del que se puede prescindir a la hora de entender al ser humano. De este modo se soslaya que la criatura es absolutamente irreconocible al margen del acto creador de Dios[23] y que considerarla como independiente de él solo puede conducir a un espejismo. El pensamiento moderno ha sabido descubrir que la libertad es radical, pero a menudo, para defenderlo, ha considerado necesario negar toda dependencia y ha incurrido en el error a que se refieren autores como Fabro o Polo, que priva a la persona de identidad y destino, y la condena a convertirse en el resultado de su propia actividad.

---

[21] L. POLO, «El hombre como hijo», en J. CRUZ CRUZ (ed.), *Metafísica de la familia*, EUNSA, Pamplona 1995, 320.

[22] *Ibíd.*

[23] Por sacar una consecuencia de esta afirmación, si el hombre para ser tiene que ser distinto de Dios, como dice Polo, la distinción Creador criatura es mayor que la distinción ser–nada, que solo atañe a la criatura en virtud del acto creador, ya que Dios no tiene por qué distinguirse de la nada. Cfr. L. POLO, *Persona y libertad*, EUNSA, Pamplona 2007, 43 y ss.

Sin embargo, para un cristiano, depender de Dios es ser creado como libre, con la libertad de quien se sabe amado por sí mismo —es hijo— y dispone de un horizonte ilimitado —Dios mismo— para acoger su crecimiento y despliegue. Así, el reconocimiento de la identidad propia se resuelve en el de su filiación divina: «¡Cada día aumentan mis ansias de anunciar a grandes voces esta insondable riqueza del cristiano: *la libertad de la gloria de los hijos de Dios! (Rom 8, 21)*»[24]. Se trata de un descubrimiento lleno de consecuencias. Comentando las enseñanzas de san Josemaría, Polo afirma: «La interioridad más íntima desde la que vive el hombre transciende su ser entero. Esto significa: al retrotraerse se descubre la paternidad de Dios. Este descubrimiento nunca es bastante, pues si Dios es Padre, el hombre arranca de más acá de su yo (...). Si Dios es Padre, nosotros somos hijos, no autores de nosotros mismos, pero sí colaboradores»[25]. De este modo, reconocer la dependencia de Dios equivale a afirmar la realidad de libertad y no a limitarla.

Pero no basta con ser consciente de esta riqueza de la filiación divina y de la libertad que la acompaña, sino que es preciso erigirla en norma de comportamiento, y esto exige volver constantemente sobre ella: «Yo pido a mi Señor que nos decidamos a darnos cuenta de eso, a saborearlo día a día: así obraremos como personas libres»[26]. Y es que la vida auténticamente cristiana es un despliegue

---

[24] *Amigos de Dios*, n. 27.
[25] L. POLO, «El concepto de vida en Josemaría Escrivá de Balaguer», en *Anuario Filosófico*, 1985 (XVIII), 13.
[26] *Amigos de Dios*, n. 26.

coherente con esa condición radical de hijo de Dios. De hecho, el prelado del Opus Dei, en su *Carta pastoral* del 9-I-2018, dedica especial atención a esta íntima relación entre libertad y filiación divina: «Nuestra filiación divina hace que nuestra libertad pueda expandirse con toda la fuerza que Dios le ha conferido. No es emancipándonos de la casa del Padre como somos libres, sino abrazando nuestra condición de hijos. "El que no se sabe hijo de Dios, desconoce su verdad más íntima" (*Amigos de Dios*, n. 26): vive de espaldas a sí mismo, en conflicto consigo mismo. Por eso, qué liberador es saber que Dios nos ama; qué liberador es el perdón de Dios, que nos permite volver a nosotros mismos, y a nuestra verdadera casa (cfr. *Lc* 15,17-24)»[27].

El cristiano es consciente de que vivir a la altura de su condición exige responder con una entrega amorosa a la llamada que lo constituye. Pero esa entrega no es una enojosa exigencia, sino la posibilidad inusitada de tratar a Dios de tú a tú, que se revela como el único modo de vivir que merece la pena. «Preguntémonos de nuevo, en la presencia de Dios: Señor, ¿para qué nos has proporcionado este poder?; ¿por qué has depositado en nosotros esa facultad de escogerte o rechazarte? Tú deseas que empleemos acertadamente esta capacidad nuestra. Señor, ¿qué quieres que haga? Y la respuesta diáfana, precisa: *amarás al Señor Dios tuyo con todo tu corazón, y con toda tu alma y con toda tu mente* (Mt 22, 37)»[28]. De este modo, la libertad adquiere un sentido digno de sí misma y la ley deja

---

[27] FERNANDO OCÁRIZ, *Carta pastoral*, 9.I.2018, n. 4.
[28] *Amigos de Dios*, n. 27.

de verse como una constricción, para convertirse en el medio —el lenguaje, podríamos decir— para manifestar el amor, la correspondencia. «Por amor a la libertad, nos atamos. Únicamente la soberbia atribuye a esas ataduras el peso de una cadena»[29].

«Cuando se respira este ambiente de libertad, se entiende claramente que el obrar mal no es una liberación, sino una esclavitud»[30]. Consiste en ponerse a merced de aquello de lo que hemos sido liberados. El que actúa así «ha decidido por lo peor, por la ausencia de Dios, y allí no hay libertad»[31]. Y es que, recordémoslo una vez más, es Dios el autor de la libertad y el único que le puede dar cumplimiento. Este riesgo compone el «claroscuro de la libertad»[32], un riesgo que, antes que del hombre, se trata de un riesgo de Dios[33].

Es cierto que el cristiano debe estar precavido frente a sí mismo, porque se sabe capaz de abdicar de su condición, empleando la libertad de un modo equivocado. Pero ni siquiera este carácter falible de la libertad despierta necesariamente un movimiento de miedo o pesadumbre, sino que también puede transformarse en un cántico

---

[29] *Ibíd.*, n. 31.

[30] *Ibíd.*, n. 37.

[31] *Ibíd.*

[32] *Ibíd.*, n. 24.

[33] «(...) Dios ha querido que seamos cooperadores suyos, ha querido correr el riesgo de nuestra libertad». La manifestación de este misterio aparece claramente ante la contemplación de Dios recién nacido: «(...) Un niño indefenso, inerme, incapaz de ofrecer resistencia. Dios se entrega en manos de los hombres, se acerca y se abaja hasta nosotros» (*Es Cristo que pasa*, n. 113).

agradecido: «Vuelvo a levantar mi corazón en acción de gracias a mi Dios, a mi Señor, porque nada le impedía habernos creado impecables, con un impulso irresistible hacia el bien, pero *juzgó que serían mejores sus servidores si libremente le servían* (SAN AGUSTÍN, *De vera religione*, XIV, 27 (PL 34, 133). ¡Qué grande es el amor, la misericordia de nuestro Padre! Frente a estas realidades de sus locuras divinas por los hijos, querría tener mil bocas, mil corazones, más que me permitieran vivir en una continua alabanza a Dios Padre, a Dios Hijo y a Dios Espíritu Santo»[34].

LIBERTAD CRISTIANA: RESPONSABILIDAD Y SECULARIDAD

Uno de los más importantes logros de este amor a la libertad que cultivó el fundador del Opus Dei consiste en volver operativa esta profunda concepción que tiene de ella y en encarnarla en la vida ordinaria. La exaltación de la libertad no es en él retórica sino vital y llena de consecuencias. Según Fabro, «después de siglos de espiritualidades cristianas basadas en la prioridad de la obediencia, invierte la situación y hace de la obediencia una actitud y consecuencia de la libertad, como un fruto de su flor o, más profundamente de su raíz»[35]. No se trata, por supuesto, de una revolución frente a la espiritualidad cristiana del pasado, sino de poner de relieve un aspecto que es patrimonio de toda ella. Pero este cambio de perspectiva y las consecuencias que de él se extraen no son una casualidad. Son una exigencia del mensaje y de la espiritualidad

---

[34] SAN JOSEMARÍA, *Amigos de Dios*, n. 33.
[35] C. FABRO, *El primado existencial de la libertad*, 50.

del Opus Dei, pues de él depende al menos la afirmación de uno de sus rasgos esenciales: la secularidad.

Algo que permite discernir la verdadera libertad de sus sucedáneos es que siempre se encuentra acompañada de la responsabilidad: libertad personal con personal responsabilidad. En ocasiones se tiende a ver la responsabilidad como el reverso negativo de la libertad, pero esta identificación se debe, en el fondo, a una concepción errada de ambas. Y es que, contra lo que puede parecer a primera vista, en muchas ocasiones lo más costoso es el ejercicio de la libertad. Esto tiene una gran relevancia en el espíritu del Opus Dei, que no tiende a suprimir el riesgo que acompaña a la decisión personal, sino a ofrecer luz para ejercerla con mayor radicalidad[36]. Además, conviene recordar que somos responsables ante todo de lo bueno, y no, como a veces se tiende a pensar, de lo malo, a pesar de nuestras malas acciones.

Si radicamos la libertad en la persona, queda claro que ser libre es precisamente ser capaz de responder. Poder actuar arbitrariamente o sin referencia alguna a los demás no puede ser la esencia de la libertad, porque, de ser así, la libertad solo podría tener que ver y ejercerse respecto de lo inferior, respecto de aquello que tal vez podemos dominar, pero que en modo alguno puede corresponder.

---

[36] «La tarea de dirección espiritual hay que orientarla no dedicándose a fabricar criaturas que carecen de juicio propio, y que se limitan a ejecutar materialmente lo que otro les dice; por el contrario, la dirección espiritual debe tender a formar personas de criterio. Y el criterio supone madurez, firmeza de convicciones, conocimiento suficiente de la doctrina, delicadeza de espíritu, educación de la voluntad» (SAN JOSEMARÍA, *Conversaciones*, n. 93).

Pero la libertad solo se emplea acabadamente, y adquiere su pleno sentido, en la relación interpersonal. Y para que esta relación se pueda establecer es preciso que la persona comparezca en sus actos, algo que solo ocurre cuando esta se responsabiliza de su actividad. Es en este punto donde la libertad parece alcanzar su sentido más profundo, pues Dios nos crea libres para responder a su llamada y entablar así con él un diálogo personal.

No es extraño que una de las primeras manifestaciones de la libertad errada, del pecado, sea que el hombre se encierre en sí mismo y busque excusas, incluso ante Dios, para evitar inútilmente las consecuencias de los propios actos[37]. En la vida psíquica esta actitud puede ser también una manifestación de inmadurez. Ante este peligro, la labor de formación que se desarrolla en el Opus Dei estimula a que cada cual acepte su propia responsabilidad, y su fundador invitaba a renunciar a las excusas del tipo «es que, creí que, pensé que», que denotan el rechazo y el miedo —impropio de un hijo de Dios— a asumirla.

Esta norma de comportamiento es una manifestación más de un modo de hacer que consiste en promover que se siga el mismo patrón de comportamiento con los hombres que con Dios. Se trata, en mi opinión, de una consecuencia de sostener que el lugar de santificación son las mismas realidades cotidianas, y, por tanto, es coherente con la aceptación radical del mundo como lugar en el que y desde el que alcanzar la santidad. Como esta no se adquiere mediante una vida interior separada de la vida común entre los hombres, sino a través de esa misma vida

---

[37] Cfr. *Gn* 3, 12-13.

común, es preciso, para llegar a Dios, comenzar por vivir con los hombres las condiciones propias del diálogo con Dios. Así, por ejemplo, no es posible luchar por ser sincero con Dios si no se lucha al mismo tiempo por serlo con los hombres[38]. La sinceridad en la dirección espiritual a la que animaba san Josemaría es un ejemplo claro de esta norma de comportamiento. Abrir con claridad nuestra alma ante quien nos puede ayudar es el mejor camino para presentarnos ante Dios sin anonimatos, una condición que resulta necesaria para vivir con Él un trato amistoso y filial, y no un formalismo hueco plagado de fórmulas estereotipadas: «(...) La sinceridad en la dirección espiritual, que nos mueve a abrir libremente el alma para recibir consejo, nos mueve también a la iniciativa personal, a manifestar con libertad lo que vemos como posibles puntos para nuestra lucha interior por identificarnos cada vez más con Jesucristo»[39]. Por supuesto, la misma lucha por tratar a Dios sin anonimatos ayuda a ser sinceros con los hombres. Pero esta insistencia en la sencillez previa con los demás como camino para aprender a tratar a Dios parece algo propio del espíritu de la Obra y sumamente coherente con su carácter.

El mismo hecho de que quien está al frente del Opus Dei, el prelado, se presente ante todo como un Padre

---

[38] Cfr. *Estatutos del Opus Dei*, 90. Cfr. *Amigos de Dios*, n. 82. Esta afirmación de lo natural como camino que dispone a la gracia es clara en san Josemaría que, hablando de las virtudes humanas, afirma: «Si el cristiano lucha por adquirir estas virtudes, su alma se dispone a recibir eficazmente la gracia del Espíritu Santo: y las buenas cualidades humanas se refuerzan por las mociones que el Paráclito pone en su alma» (*Amigos de Dios*, n. 91).

[39] Fernando Ocáriz, *Carta pastoral*, 9.I.2018, n. 11.

tiene que ver también con este modo de convertir la vida cotidiana en medio de acceso a las realidades espirituales. En este contexto se aprende a vivir la filiación, y al mismo tiempo se ofrece un medio de comprender cómo la obediencia no esclaviza, porque la autoridad de un padre —como recordábamos antes— se ejerce en beneficio del hijo y no de unos objetivos externos. Si se vive de este modo la relación con quienes gobiernan, se abre una vía segura para adquirir un trato filial y confiado con Dios.

Puesto que la aceptación de la propia responsabilidad es el mejor punto de anclaje de la verdadera libertad, quienes ejercen la autoridad pueden reforzarla. Y el modo más eficaz de hacerlo es la confianza: «Mandar con respeto a las almas es, en primer lugar, respetar delicadamente la interioridad de las conciencias, sin confundir el gobierno y la dirección espiritual. En segundo lugar, ese respeto lleva a distinguir los mandatos de lo que son solo oportunas exhortaciones, consejos o sugerencias. Y, en tercer lugar —y no, por eso, menos importante—, es gobernar con tal confianza en los demás, que se cuente siempre, en la medida de lo posible, con el parecer de las personas interesadas. Esta actitud de quienes gobiernan, su disposición a escuchar, es una estupenda manifestación de que la Obra es familia»[40]. Quien nota que se confía en él se siente estimulado a ser responsable. Se trata de un estímulo dirigido directamente a la libertad, y en esto se distingue de la coacción. La coacción obliga a que la libertad se pliegue a hacer algo por motivos negativos, para evitar un mal, por miedo en definitiva. En cambio, la confianza refuerza la libertad, porque induce a

---

[40] *Ibíd.*, n. 13.

ejercerla respecto del bien, y cuando el cumplimiento del deber brota del fondo de la libertad, arrastra consigo a las demás fuerzas del hombre. Esto facilita la unidad de vida, sin la cual no se puede acometer la empresa de santificarse en medio del mundo[41].

La convicción de que Dios ha querido correr el riesgo de nuestra libertad, y la exigencia cristiana de imitar el estilo divino de actuar —«sed perfectos como vuestro Padre celestial es perfecto» (Mt 5, 48)—, exige que el hombre no solo tolere, sino que respete, ame y fomente la libertad de los demás. Esto se aplica de un modo especial a las tareas de formación y de gobierno en que el ser humano colabora de un modo especial con la acción divina. Por eso san Josemaría recordaba la importancia de no imponer opiniones particulares y, ante la duda, estar siempre del lado de la libertad[42]. El fundador del Opus Dei no veía la libertad como un principio de desorden o anarquía, algo que debe ser controlado, sino, por el contrario, como un principio de organización y gobierno[43] : cada uno actúa por sí mismo con libertad y espontaneidad[44].

---

[41] Cfr. Antonio Aranda, *La lógica de la unidad de vida. La identidad cristiana en una sociedad pluralista*, EUNSA, Pamplona 2000.

[42] «En la duda, por la libertad; así siempre acertaréis. La libertad sólo se puede perder por Amor; yo otra clase de esclavitud no la comprendo» (San Josemaría, AGP, biblioteca, P.10, n. 168).

[43] «Soy amigo de la libertad porque es un don de Dios, porque es un derecho de la persona humana, porque con libertad personal y responsabilidad personal se hubieran evitado la mayor parte de los crímenes del mundo» (San Josemaría, AGP, biblioteca, P.10, n. 170).

[44] «La Prelatura pide a sus fieles una intensa y constante actividad apostólica personal, que ha de ejercerse en el mismo trabajo y ámbito social propios de cada uno, libre y responsable, totalmente imbuida

Como se ve, hay aquí un cambio de acento respecto al primado de la obediencia, pues esta viene después de la libertad, como un requisito necesario para conseguir aquello que se quiere. Por esta razón, lo importante es que aquello se quiera de verdad. Y esto es ya sobrenatural, es más, constituye el motivo más sobrenatural. «Pensad en lo que tantas veces os he dicho: porque me da la gana, me parece la razón más sobrenatural de todas»[45]. Se trata de una consideración que expresa con gran profundidad las relaciones entre la gracia y la libertad mostrando que no solo son compatibles, sino que se reclaman mutuamente. En el ejercicio pleno y radical de la libertad el ser humano entra en contacto de un modo particular con la gracia divina: Dios no quiere esclavos.

Lo expuesto hasta ahora no implica minusvalorar la obediencia. En efecto, así como la redención fue alcanzada mediante la obediencia de quien es Hijo por naturaleza, todo cristiano puede hacer suya esta actitud de aceptación confiada y gozosa de la voluntad del Padre, que no subyuga, sino que, en último extremo, libera. Esta voluntad comparece en la ley moral, pero también en toda autoridad legítima, que es obedecida sin renunciar a

---

de espontaneidad» (*Estatutos del Opus Dei*, 119). San Josemaría recurre al término «espontaneidad» para referirse a la actitud y a la actividad de los cristianos que se santifican en medio del mundo: «(...) Damos una importancia primaria y fundamental a la espontaneidad apostólica de la persona, a su libre y responsable iniciativa, guiada por la acción del Espíritu; y no a las estructuras organizativas, mandatos, tácticas y planes impuestos desde el vértice, en sede de gobierno» *Conversaciones*, n. 20.

[45] SAN JOSEMARÍA, *Carta 8-VIII-1956*, n. 38 (AGP, serie A.3, 94-1-2).

la propia inteligencia. Con su «obediencia inteligente»[46] —usando una expresión de san Josemaría— el hombre se identifica con Cristo, que no tiene que abdicar de su condición de Logos eterno para someterse, en cuanto hombre, también inteligente y libre, al Padre por amor.

A MODO DE CONCLUSIÓN

El Opus Dei propone una espiritualidad para aquellos que viven en medio del mundo que no entra en colisión con su condición secular sino que la refuerza, pues afirma la vida ordinaria y las circunstancias familiares y sociales de cada cristiano como medio y camino de santificación. Esto implica que la vocación no se edifica «en torno» a la secularidad como un adorno suyo, sino precisamente a través y por medio de ella: desde ella. Y esto se traduce en que, a un mayor empeño en la santidad, nunca le puede corresponder un abandono del mundo, sino una inmersión más profunda en él.

Pero, para que esto sea posible, la respuesta a la vocación respeta la espontaneidad, es decir, el obrar por propia iniciativa y en primera persona que caracteriza el comportamiento en el mundo, un ámbito con leyes propias, que se deducen de su propia naturaleza. Esto es incompatible con instrumentalizar las realidades humanas como medio para alcanzar una finalidad sobrenatural que les resultara externa. Una forma en que puede tomar cuerpo esta actitud consistiría en sentirse un mero instrumento

---

[46] «Dios no nos impone una obediencia ciega, sino una obediencia inteligente», *Es Cristo que pasa*, n. 17.

de consignas que anularan o comprometieran la propia espontaneidad. De ahí que una de las manifestaciones del amor a la libertad en la Obra sea mostrar el máximo respeto a las opiniones de cada miembro, algo que reviste una importancia especial respecto del trabajo profesional y la actuación pública[47]. Lo contrario significaría instrumentalizar las actividades seculares, y, por lo tanto, desnaturalizarlas, con lo que dejarían de ser aptas en cuanto tales para convertirse en camino de santificación.

Por otra parte, para que un serio vínculo de obediencia en el ámbito espiritual y apostólico no entre en conflicto con la condición secular, es preciso que sea asumido con plena libertad, de tal modo que quien obedece esté en condiciones de aceptar lo que Dios le pide y llevarlo a cabo como una decisión propia. Pues, si para explicar la actuación del cristiano en la vida social fuera necesario mostrar públicamente un vínculo de naturaleza espiritual, la conducta de este aparecería como fruto de la renuncia a la propia iniciativa y, por lo tanto, como contraria a la identificación plena con la propia condición que comporta la mentalidad laical.

Al igual que otros condicionamientos familiares o personales libremente asumidos, la vinculación al Opus Dei forma parte de la dinámica de la propia libertad. Esto explica que en el Opus Dei la libertad no sea solo

---

[47] «En lo que atañe a la actuación profesional, así como a las doctrinas sociales, políticas, etc., cada uno de los fieles de la Prelatura, dentro de los límites de la doctrina católica de la fe y costumbres, goza de la misma plena libertad que los demás ciudadanos católicos. Por su parte, las autoridades de la Prelatura deben abstenerse totalmente incluso de dar consejos en estas materias» (*Estatutos del Opus Dei*, 88, 3).

reconocida y respetada, sino que su constante ejercicio sea un fin de la formación: «El constante ejercicio de la libertad, en que se forma a los socios de la Obra —afirma san Josemaría—, está en la base de nuestra ascética, como algo connatural e íntimamente conexo con la condición secular de mis hijos, y con lo que es el quicio de nuestra vocación y el modo específico de nuestra dedicación»[48].

Resulta claro que una actitud como esta evita la comedia, el engaño o, peor aún, el autoengaño, en la medida en que la libertad se encuentra en su fundamento. Y esto solo parece posible si ese fundamento es la condición filial del cristiano. El hijo trabaja en el campo del Padre según el espíritu del Padre, pero, a la vez también como en un campo propio. Probablemente solo esta visión de la propia tarea permite conciliar el sometimiento rendido y amoroso a la voluntad de Dios con la soltura y espontaneidad necesarias para no usar las realidades del mundo —entendido como el ámbito de las relaciones espontáneas entre los hombres—, como *meros* instrumentos de un fin espiritual separado de ellas. Solo la autoconciencia de *la libertad de la gloria* que poseen los hijos de Dios (Rom 8, 21) permite entender la propia actividad como *transfiguración* operada desde dentro, evitando el peligro de sucumbir a la presión del pecado que en ocasiones las deforma.

---

[48] San Josemaría, *Carta 25-I-1961*, n. 37 (AGP, serie A.3, 94-2-2). San Josemaría, para subrayar que la actividad más importante del Opus Dei es la que sus miembros llevan a cabo en nombre propio, llega a afirmar que «la Obra misma tiene por labor exclusiva la formación de sus miembros» (San Josemaría, *Instrucción para la Obra de san Rafael*, 9-I-1935, n. 11, AGP, serie A.3, 89-3).

III.
EL TRABAJO COMO MANIFESTACIÓN
DE DIOS

El trabajo como alejamiento de Dios

«Sólo me animaba una fe y una fuerza: el trabajo. Únicamente me sostiene el trabajo inmenso que me propongo realizar (...) El trabajo de que os hablo es regulador: constituye una lección, y me he propuesto el deber de avanzar, aunque sea un paso, en mi obra cotidiana... ¡Trabajo! Pensad, señores, que él constituye la única ley del mundo. La vida no tuvo otro fin ni otro fundamento para ser. Todos nacemos con el fin de contribuir al trabajo y para desaparecer después». Estas palabras de Émile Zola en un discurso a la juventud del año 1890 sirven para ilustrar la positiva valoración que tributaban al trabajo algunos espíritus del siglo xix. Una valoración positiva, pero extremadamente problemática. Trabajar, ¿para qué? El trabajo se convierte en la justificación de la vida. Pero la justificación del trabajo no es otra que la obra realizada, a la que el hombre subordina su vida, tal vez intentando saciar con las expectativas de su permanencia las ansias de inmortalidad que la naturaleza le niega como viviente.

El mismo Nietzsche denunció el nihilismo que se esconde bajo esta concepción. En la glorificación del trabajo, en los infatigables discursos sobre la «bendición del trabajo», advierte la misma reserva mental que en los elogios de los actos impersonales y de interés general: la del temor por todo lo individual. «En el fondo, se siente ahora (...) que semejante trabajo constituye la mejor policía para subyugar a todos e impedir, por uso de la fuerza, el desarrollo de la razón, los anhelos y el placer proporcionado por la independencia»[1].

Nietzsche consideraba que la cultura del trabajo de su tiempo, para la que el ocio parecía cada vez más una simple pérdida de tiempo, que se toma con mala conciencia, era un antídoto contra el ansia humana de elevación. «Es preferible hacer algo antes que no hacer nada: tal principio sirve para dar el golpe de gracia contra toda cultura y gusto superior. Y del mismo modo como con esta prisa del que trabaja sucumben visiblemente todas las formas, también se pierde (...) el sentimiento de la formalidad misma (...). No se tiene tiempo ni fuerzas para dedicarse a lo ceremonial, para la cortesía y sus rodeos, para todo *esprit* de conversación y, en general, para todo *otium*». «Incluso, pronto se llegará al punto de no poder abandonarse, sin despreciarse a uno mismo y sin remordimientos (...) a la vida contemplativa»[2].

---

[1] *Morgenröte*, af. 173.
[2] *Fröhliche Wissensnschaft*, af. 348, 349, 373.

Una crítica que alcanza también a denunciar la pérdida misma del sentido religioso. «Entre aquellos que ahora viven, por ejemplo en Alemania, desprendidos de la religión, encuentro hombres de muchas clases (...); pero ante todo, la mayoría de ellos está formada por personas en quien la laboriosidad ha ido disolviendo, de generación en generación, los instintos religiosos: ya no saben para qué sirve la religión, y sólo registran... su existencia en el mundo con una especie de estúpido asombro (...) por los negocios o los placeres, por no hablar de la patria y de los periódicos»[3].

En el mundo moderno, se asiste así, a juicio de Nietzsche, a un vuelco de la visión clásica, para la cual la contemplación se encontraba por encima del trabajo y le daba sentido. Ahora, lo que antes se veía como signo de la indigencia del hombre, obligado a preocuparse por producir y conservar las condiciones de su existencia, se convierte en su rasgo definitorio y esencial, y cobra tal importancia que Marx llega a sostener que el trabajo es la autoproducción misma del ser humano[4].

Pero ¿a qué se está refiriendo Nietzsche con su defensa de la contemplación? La contemplación clásica se dirigía a la naturaleza y sus primeras causas —lo divino—, pues consideraba que lo más elevado del ser humano era la capacidad de conocer y poseer intelectualmente la realidad. Por eso el trabajo se entendía como una actividad

---

[3] *Jenseits von Gut und Böse*, af. 58.

[4] «Toda la historia universal no es otra cosa que la generación del hombre por el trabajo». K. MARX, *Manuscritos económico-filosóficos de 1844*, trad. de W. Roces, Barcelona 1975, 126.

subordinada, que no es de suyo perfectiva y que, si bien se beneficia de nuestras capacidades espirituales, responde en último extremo a nuestra dimensión meramente animal. Para los clásicos, la contemplación es improductiva, pero no porque sea deficiente, sino porque no necesita serlo. Nietzsche, en cambio, no concibe al hombre sin producción, y, por lo tanto, sin trabajo, en el sentido que los clásicos concedían al término —aunque se trate de un trabajo que está por encima de toda utilidad y al margen del sistema social y productivo— porque su paradigma de la vida superior es la producción artística, en la cual el hombre también se subordina a su obra.

Basten estas breves referencias para situar el problema que nos ocupa. La cultura moderna valora el trabajo y en este la producción. Pero para ella, la producción se convierte en un fin terminal que no guarda referencia a nada que le dé sentido. Ser es, para el hombre, trabajar, y trabajar es inmolarse al producto, sea este colectivo —como bien supieron explotar los totalitarismos del siglo pasado—, sea este —como Nietzsche defiende— individual y aristocrático.

De nada sirve que se precise que, para algunos pensadores, ese producto no es otra cosa que el hombre mismo, y que, por lo tanto, el trabajo no implica servidumbre, sino que es manifestación de la máxima autonomía. El hombre se convierte en su autor, pero, una vez realizado, ¿qué queda de su capacidad configuradora? El trabajo no puede ser a la vez la definición del hombre y el acontecimiento que lo produce, porque el producto siempre es externo a la acción que lo realiza. Por eso la consideración del hombre como productor de sí mismo separa de

74

modo drástico dos estados: el de la producción y el del disfrute de la obra realizada, convirtiendo la historia o bien en un proceso intrínsecamente frustrado, o bien en una preparación que nada tiene que ver con aquello que la culmina. En otras palabras, esta forma de entender la autorrealización es un ídolo al que se sacrifica el hombre real. Una posición, sea dicho de paso, muy distinta de la escatología cristiana, que considera que el estado definitivo del hombre será la culminación de lo que este ya posee de modo incoado en su condición histórica.

La exigencia de autonomía que se contiene en esta pretensión autoproductora explica también que Hegel definiera el trabajo como una aniquilación del mundo, que, en cambio, para el pensamiento cristiano había sido siempre lo entregado al cuidado del hombre. Así se deja ver en estas palabras tomadas de la *Vida de Hegel* de Rosenkranz: «Ora et labora! ¡Ruega y maldice! Si al proferir una imprecación alguien dice ¡sacramento! la maldición será vana; pero en religión se unifican las cosas que de otro modo estarían separadas. ¡Que la tierra sea maldita y que debas comer el pan con el sudor de tu frente! *Trabajar significa aniquilar* el mundo o *maldecir*»[5].

En este orden de cosas, ¿qué relación tiene con Dios el trabajo humano? El trabajo llega a aparecer como una

---

[5] K. ROSENKRANZ, *Hegels Leben*, 543. Cit., como los textos precedentes de Zola y Nietzsche, en K. LÖWITH, *De Hegel a Nietzsche. La quiebra revolucionaria del pensamiento en el siglo XIX. Marx y Kierkegaard*, Editorial Sudamericana, Buenos Aires 1968. (Reproduzco esos textos tan solo con ligeros retoques). Algunas reflexiones en torno a esta actitud respecto de la actividad artística, cfr. G. STEINER, *Presencias reales*, Destino, Barcelona, 1998.

suplantación de la actividad creadora cerrada a la trascendencia. Por eso el trabajo remite al hombre y solo al hombre, lo expresa o, más bien, lo realiza, y su consideración y su ejercicio lo cierra a toda trascendencia[6].

LA SUBORDINACIÓN DEL TRABAJO A LA CONTEMPLACIÓN

Es lógico que, para una concepción cristiana, esta descripción del trabajo resulte inaceptable. Así, por ejemplo, Leonardo Polo señala un error antropológico y metafísico, que consiste en conceder valor de radical último al producto[7]. Se trata de una idea que, procedente del tardo Medioevo, se encuentra en gran parte del pensamiento moderno. Se manifiesta, por ejemplo, en la concepción

---

[6] «La confusión del ser del hombre con una supuesta culminación de su hacer es mero ateísmo. Pero lo cierto es que dicha culminación no existe, y no puede ser avistada desde ninguna situación de época. Naturalmente, esta circunstancia no justifica el relativismo historicista, pues lo que ha de excluirse de antemano es la absolutización de la acción. Tal exclusión es un acierto indudable del planteamiento clásico». L. POLO, «La *Sollicitudo rei socialis*: una encíclica sobre la situación actual de la humanidad», AA.VV., *Estudios sobre la encíclica «Sollicitudo rei socialis»*, Unión Editorial, Madrid 1990, 94.

[7] «El radical moderno es el principio del resultado. El hombre está a la búsqueda de sí mismo en el modo del producir. Es lo que Nietzsche llama la metafísica del artista. La vida consiste en autorrealizarse. El hombre depende de sus actos, pero no por el valor intrínseco de estos, sino por los resultados que de ellos se derivan. Hay en este planteamiento una nueva idolatría. Vivir es producir, porque de entrada el hombre es negativo, vacío o indeterminación. Lo positivo es lo producido». *Ibidem*, 83.

del conocimiento como un proceso de constitución del objeto, dejando en suspenso en qué consista una actividad puramente contemplativa, y llega —por ejemplo, en Hegel— a comprender el Absoluto mismo como el resultado de un proceso[8]. Una buena expresión de esta convicción es el conocido argumento con el que Francis Bacon descalifica la causa final. Según él, «la consideración de los procesos naturales desde el punto de vista de la finalidad es estéril, y, como una virgen consagrada a Dios, no engendra nada»[9]. Es, por tanto, improductiva.

De todos modos, una cosa es rechazar esta interpretación del trabajo, que se presta a plantear de modo problemático la relación del hombre con la trascendencia, y otra distinta rechazar la importancia del trabajo en la vida del hombre. En ese caso, si reconocemos que el trabajo es una actividad propiamente humana y sostenemos que el hombre es imagen de Dios, parece que este debe participar de algún modo de esta imagen, y así reflejar en la creación algún aspecto de la vida divina. Ahora bien,

---

[8] He abordado algunos aspectos de este problema, junto con el planteamiento de Leonardo Polo del lugar de la producción en la actividad humana, en «La teoría de la cultura de Leonardo Polo», *Anuario Filosófico*, 1996 (29), 851-867. Cfr. L. POLO, «El conocimiento de Dios y la crisis de la filosofía en la Edad Media», en *Presente y futuro del hombre*, Rialp, Madrid, 1993; I. MIRALBELL, *El dinamicismo voluntarista de Duns Escoto. Una transformación del aristotelismo*, EUNSA, Pamplona 1994. En cuanto a las repercusiones de esta tesis en la teoría del conocimiento, cfr., por ejemplo, L. POLO, *Curso de Teoría del Conocimiento*, I, EUNSA, Pamplona, 1987 (3.ª ed.), 68 ss.

[9] «Nam causarum finalium inquisitio sterilis est, et, tanquam virgo Deo consecrata, nihil parit». «De dignitate et augmentis scientiarum», III, 5. En *The Works of Lord Bacon*, Vol. 2, London 1841, 340.

aunque el pensamiento cristiano ha tenido una visión del trabajo más positiva que el pensamiento griego, no es difícil suponer cuáles son las razones de que su consideración como reflejo de la imagen de Dios haya sido postergada. Por una parte, porque, como hemos visto, las categorías clásicas de las que ha dependido a la hora de formular una concepción filosófica y teológica del hombre dejan a duras penas lugar para explicar de qué modo el trabajo humano remite a Dios. De otra, porque la realidad misma del trabajo humano está entrecruzada de luces y sombras, que dificultan a menudo ver en ella un reflejo de la gloria de Dios.

En primer lugar, el trabajo humano, como ya hemos señalado, parece responder a la imperfección del hombre y no a su perfección. El hombre debe trabajar para poder mantenerse vivo porque no es autosuficiente. Pero, además, el trabajo mismo y sus logros llevan el signo de la imperfección de su autor. El trabajo fatiga y va acompañado de dolor y sufrimiento. Las obras humanas se resienten de la ignorancia, de la falibilidad de su autor, y de todas las consecuencias de su condición pecadora. Y, además, una vez realizadas, se encuentran a merced de la implacable naturaleza, que las destruye o puede impedir que lleguen a cumplir el propósito que las originó.

Estas mismas cualidades son las que llevaron a Aristóteles y, con él, a gran parte del mundo antiguo, a asociar la tarea productiva a la condición servil. Una observación que, además, nos pone frente a la realidad de que el trabajador puede ser instrumentalizado también por obra de una injusta organización de la sociedad, de modo que el trabajo viene a resultar un talón de Aquiles del hombre, un riesgo de esclavitud.

78

Fueron seguramente estas dificultades las que condujeron a desdeñar el papel del trabajo como parte de la imagen de Dios en el hombre, e incluso a verlo —al menos en algunas imágenes populares— como un castigo por el pecado, mientras que la imagen de Dios se ponía en aquellas actividades que son perfectas en sí mismas y que están de suyo exentas de la fatiga. Así, por ejemplo, en la teología medieval, la imagen de Dios se sitúa en el entendimiento y en la voluntad. Es más, dentro del intelecto, lo que refleja a Dios es la capacidad contemplativa, correspondiente al intelecto, y no su capacidad discursiva (la *ratio*), que conserva la alusión al trabajo y que se subordina a la contemplación[10]. Y, dentro de la voluntad, la imagen se encuentra en el libre albedrío entendido más como capacidad de amar y de decidirse que como capacidad de transformar la realidad externa.

No es mi intención restar importancia a este análisis de las facultades humanas. Resulta cierto que, en cuanto actividades, estas que acabamos de describir son más perfectas que las orientadas a la producción y reflejan mejor la naturaleza divina. Por otra parte, el hecho de que estas sean actividades inmanentes, es decir, que constituyan de suyo una perfección del sujeto, refleja en el hombre la trascendencia y autosuficiencia de Dios, a quien nada externo puede perfeccionar, y a quien toda criatura externa se dirige y glorifica. En este sentido, que las acciones humanas reviertan y permanezcan en el hombre como perfecciones suyas significa que este no está subordinado al perfeccionamiento de lo externo,

---

[10] Cfr. Tomás de Aquino, *S. Th.*, I, q. 93, a, 3, a. 6.

sino que es lo externo lo que, ante todo, contribuye a su crecimiento.

Sin embargo, cabe hacer algunas observaciones. Ante todo, que el crecimiento humano, incluido el crecimiento intelectual, pasa por el ejercicio de una actividad que tiene un reflejo externo. Por eso, centrarse en la actividad contemplativa en ejercicio tiene como contrapartida ofrecer una imagen del hombre activa, sí, pero estática, porque excluye en realidad su crecimiento; y además parcial, porque excluye el papel que tiene el cuerpo en ese proceso. Podríamos decir incluso que ni siquiera el intelecto —cuya actividad parece, como notaron los griegos, la más autárquica— escapa a la ley que obliga al espíritu humano a salir de sí para mejorar, y a contar, por tanto, con el cuerpo. Pues, de acuerdo con la experiencia humana, al menos en condiciones ordinarias, toda actividad intelectual, aun la más contemplativa, exige al menos el esfuerzo de la atención, que implica al cuerpo y bien puede denominarse trabajo.

Pero donde la insuficiencia se ve con más claridad es en el plano de la voluntad. Si el acto propio de la voluntad es el amor, este no se puede concebir sin alteridad y sin exterioridad. Dicho de otro modo, el amor es una actividad espiritual y personal, pero no solitaria, sino dirigida a una persona distinta y resulta incompleta si no se manifiesta eficazmente en obras. *Obras son amores*. En este sentido, la locución divina que san Josemaría recibió con las palabras de un refrán castellano[11] expresa adecua-

---

[11] Cfr. A. Vázquez de Prada, *El Fundador del Opus Dei*, vol. I, Rialp, Madrid, 1997, 417.

damente la dinámica que incluye el cuerpo en la actividad humana del espíritu.

De hecho, se puede decir que la consideración de la imagen de Dios que tiene en cuenta exclusivamente las facultades espirituales pone en sordina lo específicamente humano, pues sirve también para la naturaleza angélica. Pero, en comparación con ellas, y si no atendemos a nada más, la imagen de Dios en el hombre resulta entonces más oscura e imperfecta que en aquellos. Así, aunque el hombre aparece como criatura espiritual y querida en sí misma, también resulta la más imperfecta de entre ellas. ¿Por qué habría querido Dios una criatura así, en la que la dignidad espiritual se encuentra sometida a la inestabilidad y dispersión de la materia? ¿Por qué dotar a un espíritu de un cuerpo, y de un cuerpo como el humano? Y, lo que resulta más sorprendente, ¿por qué hacer de esa naturaleza, al asumirla, el punto culminante de su obra creadora?

En mi opinión, si centramos la perfección del hombre exclusivamente en la inteligencia, la condición humana se vuelve difícilmente comprensible. Incluso puede resultar fácil considerar al hombre como una criatura imperfecta. Pero si consideramos la condición humana a la luz de la capacidad de amar, y no la vemos simplemente como la tendencia que deriva del conocimiento intelectual, sino como la más alta expresión y la culminación de la condición personal, las cosas adquieren otros matices.

En este sentido, no podemos hablar de una superioridad natural del hombre sobre el ángel, pero sí podemos decir que la naturaleza humana ofrece un repertorio mayor de posibilidades, que permiten que Dios exprese de formas inéditas su naturaleza y su relación con las criaturas. Dicho de otro modo, si bien la criatura humana es menos poderosa y más insuficiente, tal vez constituya, sin embargo, un lenguaje más rico y adecuado como vehículo de las *magnalia Dei*.

El trabajo como manifestación de Dios

Creo que puede ser interesante para explorar esta idea, aplicada en concreto a la condición trabajadora del ser humano, acudir a las enseñanzas de san Josemaría Escrivá, pues en ellas, como en pocos lugares, se descubre en el trabajo una hondura antropológica y teológica que lo saca del marco estrecho que le imponen los moldes culturales con los que se abordó en la cultura cristiana occidental, y aparece de este modo una valoración más alta del trabajo que permite no solo corregir la extrapolación moderna, sino también mostrar hasta qué punto se queda corta. Dicho de otro modo, no solo permite denunciar que se acomete un camino equivocado cuando se reduce al hombre a su condición de trabajador, sino también que con ello la misma dignidad del trabajo queda disminuida.

Ante todo, debemos aclarar en qué sentidos podemos referirnos al trabajo como manifestación de Dios. En primer lugar, podemos decir que la condición humana manifiesta a Dios en la medida en que, tomando como punto de partida lo que el hombre es, podemos conocer algo acerca de Dios. Pero también cabe hablar, en otro sentido, de manifestación de Dios en el hombre, en la medida en que Dios toma la naturaleza humana como destinataria de algunas acciones, que, de este modo, se plasman en la creación y lo manifiestan en ella. En el primer caso, estamos hablando de lo que propiamente entendemos cuando decimos que el hombre es imagen de Dios. En el segundo, en cambio, lo que manifiesta a Dios es la especial relación que puede establecerse entre ambos.

Respecto a la posibilidad de que podamos conocer a Dios a través del trabajo, san Josemaría afirma: «Reconocemos a Dios no sólo en el espectáculo de la naturaleza, sino también en la experiencia de nuestra propia labor, de nuestro esfuerzo»[12].

La tradición teológica solía basar sus pruebas de la existencia de Dios en la naturaleza. Tal vez porque esta es externa y porque su orden no ha sido afectado directamente por el pecado. Pero, sobre todo, al menos según Tomás de Aquino, porque el hombre tras el pecado se encuentra *corporalibus deditus*[13], inclinado a lo sensible, y solo de ello extrae su conocimiento[14]. En cambio, san Josemaría, sin desdeñar esa vía, parece reconocer también una audaz vía antropológica para acceder a Dios. No solo el universo material, y tampoco el hombre en lo que tiene de realidad natural, sino también la actividad humana es una vía para descubrirlo.

Afirmar que la actividad humana sea un camino para descubrir la existencia Dios no quiere decir de suyo que la actividad humana sea imagen de Dios, o que el hombre lo sea en ese aspecto. De hecho, las criaturas materiales son un punto de partida válido y no contienen la imagen divina. Sin embargo, hay que reconocer que el conocimiento

---

[12] *Es Cristo que pasa*, 49.
[13] Tomás de Aquino, *S. Th.*, IIIª, q. 61 a. 1 co.
[14] Cfr. Tomás de Aquino, *S. Th.*,

de cómo es Dios cuenta con un cierto conocimiento de su imagen. Las criaturas pueden dar razón de su insuficiencia constitutiva y reclamar un Creador omnipotente, pero determinar ese creador como inteligente, libre y capaz de amar, atributos sin los cuales no cabe concebir al Dios cristiano, sólo es posible porque conocemos qué es entender y amar en virtud de la experiencia que de nosotros mismos tenemos. También podríamos decir, siguiendo esta consideración, que el modo en que entendemos la creación como una actividad personal toma pie en algunas características del modo de trabajar del hombre.

De todos modos, para poder considerar esa actividad como parte de la imagen de Dios es preciso despojarlas de las características que la hacen limitada e imperfecta, para considerarla desde aquello que le otorga propiamente dignidad personal. ¿Resulta esto posible?

En este sentido, y para resaltar aún más la dificultad, cabe notar que san Josemaría no se refiere a las actividades espirituales, que parecen ajenas al esfuerzo. No es la inteligencia la que sirve en este caso para demostrar la existencia de Dios, sino el trabajo; lo que queda de manifiesto con la aclaración «de nuestro esfuerzo», pues este se refiere aun en ellas a la dimensión de trabajo —es decir, de transformación de lo externo, de implicación en ello— y no a lo que de actividad meramente espiritual les corresponde.

Por otra parte, ¿dónde se experimenta esta labor, que es vía para reconocer a Dios? No es en las realizaciones externas que de ella resultan, pues estas ante todo llevan la marca de su autor y a él remiten en primer lugar, sino en la actividad transformadora, que es un trasunto de la acción creadora y providente de Dios y cuya energía de él procede[15].

Para entender la eficacia cognoscitiva de esta experiencia del propio trabajo, hay que recordar que, para san Josemaría la realidad humana del trabajo debe ser situada en el marco del amor.

«Conviene no olvidar (...) que esta dignidad del trabajo está fundada en el Amor. El gran privilegio del hombre es poder amar, trascendiendo así lo efímero y lo transitorio. Puede amar a las otras criaturas, decir un tú y un yo llenos de sentido. Y puede amar a Dios, que nos abre las puertas del cielo, que nos constituye miembros de su familia, que nos autoriza a hablarle también de tú a Tú, cara a cara.

»Por eso el hombre no debe limitarse a hacer cosas, a construir objetos. El trabajo nace del amor, manifiesta el amor, se ordena al amor»[16].

Así entendido, el trabajo nos permite conocer algunos aspectos de Dios, que, en la enseñanza de san Josemaría, remiten a la Encarnación redentora. «Mi Padre no deja de trabajar, y yo también trabajo»[17]. Estas palabras,

---

[15] «La obra que desde el exterior añade el hombre, proviene, en última instancia, de Dios que lo creó y que gobierna invisiblemente todas las cosas». SAN AGUSTÍN, *De genesi ad litteram*, VIII, 8 (CSEL 28, 1, 243). Nótese que la experiencia de nuestra labor y nuestro esfuerzo a que se refiere san Josemaría es ante todo interior. De modo que la vía señalada parece emparentada con la que propone san Agustín: «In interiore homine habitat veritas».

[16] *Es Cristo que pasa*, 48

[17] *Jn* 5, 17. A este respecto conviene notar —como señala Francisco Varo— que en el Antiguo Testamento el verbo trabajar nunca se

pronunciadas por Jesús en polémica con algunos judíos acerca de una curación realizada en sábado, parecen indicar que Dios comparte algo de lo que en el hombre llamamos trabajo, y que, tal vez, comprendido a la luz del amor y despojado de la condición creatural que adopta en este, también forma parte de la vida divina. Una vida que, como Verbo encarnado que es, se manifiesta en la actividad de Jesucristo. «En verdad, en verdad os digo —afirma poco más adelante— que el Hijo no puede hacer nada por sí mismo, sino lo que ve hacer al Padre; pues lo que Él hace, eso lo hace del mismo modo el Hijo».

Aunque, en el contexto de este pasaje, las palabras de Jesús se refieren a sus milagros, el empleo de la palabra trabajo permite extenderlo a todo lo que los hombres entendemos como trabajo, que el Verbo quiso compartir con nosotros al asumir nuestra condición. El hecho es que san Josemaría —que, por otra parte, señalaba que para él era tan prodigioso lo que llamamos milagro como la omnipotencia divina que manifiesta su providencia ordinaria— tenía una gran devoción a los años de vida oculta de Jesús, los años que consumió trabajando en una ocupación manual, desconocido para las miradas de sus contemporáneos. Esta consideración le servirá para poner de manifiesto la eficacia de la vida del cristiano corriente, que vive como uno más de sus contemporáneos y cuya actividad

---

predica de Dios. En cambio, el trabajo se designa con un verbo que sirve al mismo tiempo para designar lo que nosotros entendemos por trabajo y el culto a Dios. Sin embargo, en mi opinión, es preciso reconocer que el verbo empleado en el evangelio de san Juan no deja lugar a duda acerca de su sentido. Tal vez esto pueda indicar que entender a Dios como trabajador solo resulta posible en un marco trinitario.

no lleva exteriormente otros rasgos mesiánicos que la perfección con que Cristo acabó todas las cosas, aun las más menudas. «Todos los días de Jesucristo en la tierra, desde su nacimiento hasta su muerte, fueron así: *pertransiit benefaciendo*, los llenó haciendo el bien. Y en otro lugar recoge la Escritura: *bene omnia fecit*[18]: todo lo acabó bien, terminó todas las cosas bien, no hizo más que el bien»[19]. En este sentido, la vida de trabajo humano de Jesucristo manifiesta al hombre el modo en que debe realizar en sí mismo el mandato dirigido a quienes son su imagen: «Sed perfectos como vuestro Padre celestial es perfecto»[20].

Otra prueba de esta percepción de la referencia del trabajo a Dios, se contiene en el nombre de la institución que fundó, *Opus Dei, Trabajo de Dios*, que algunas veces explicaba aludiendo a que Dios y no él era su autor, pero otras —quizá no se trataba de algo distinto, pues se refiere a su núcleo mismo— en el sentido de que sus hijos debían hacer que su labor se convirtiera en trabajo divino, intervención divina en el mundo, que llevara a poner a Cristo en la cumbre de todas las actividades humanas.

Por otro lado, entender el trabajo como expresión del amor se traduce en comprenderlo como servicio abnegado, que no rehúsa llegar hasta las últimas consecuencias. También aquí el trabajo aparece como realización de otro de los imperativos dirigidos al hombre en los que Dios —en este caso a través de la Humanidad de su Hijo— se pone como modelo: «Amaos los unos a los otros como

---

[18] *Mc* VII, 37.
[19] *Es Cristo que pasa*, 16
[20] *Mt* 5, 48.

yo os he amado»[21]. Pero en ellas el hombre se encuentra con la realidad del dolor, que aparece a menudo en la forma del cansancio y la fatiga, que debe ser superada con esfuerzo para poder llegar hasta el final siguiendo la inspiración del amor.

Por supuesto que el dolor, en lo que tiene de consecuencia del pecado y de imperfección de nuestra naturaleza, no puede ser situado en la naturaleza divina. Pero ¿puede servirle la realidad del dolor para manifestarse a las criaturas? El dolor no estaba en el plan original de Dios, pero Dios lo permite porque es capaz de sacar bienes de él. En concreto, la Redención se llevará a cabo, como medio privilegiado, a través del dolor y la muerte. De hecho, comparada con los ángeles, la naturaleza humana es la única que puede sufrir sin culpa propia, y, en virtud de ello, el Verbo, al asumirla, pudo expresar, aceptando el dolor, hasta dónde llega el Amor de Dios y cómo consiste en una entrega que va más allá de todo cálculo. La misma realidad del pecado, que no puede ni tiene sentido que asuma el Hijo, permite manifestar que ese amor es capaz incluso de perdonar, una manifestación del amor de Dios que a san Josemaría siempre llenó de asombro y agradecimiento[22].

Pero tal vez uno de los más profundos descubrimientos del significado divino del trabajo sea el que deja

---

[21] *Jn* 13, 34.

[22] Así se explica que san Ambrosio pueda afirmar que Dios, después de la experiencia de los ángeles, creo al hombre para que hubiera una criatura a la que pudiera perdonar. La naturaleza del ángel, aunque es más perfecta que la del hombre, no permite que Dios lo ame de este modo. Cfr. SAN AMBROSIO, *Exameron*, VI, 10, 76, SAEMO 1, 418.

entrever la narración de un descubrimiento que relataba el 24 de octubre de 1966: «A mis sesenta y cinco años, he hecho un descubrimiento maravilloso. Me encanta celebrar la Santa Misa, pero ayer me costó un trabajo tremendo. ¡Qué esfuerzo! Vi que la Misa es verdaderamente Opus Dei, trabajo, como fue un trabajo para Jesucristo su primera Misa: la Cruz. Vi que el oficio de sacerdote, la celebración de la Santa Misa, es un trabajo para confeccionar la Eucaristía; que se experimenta dolor, y alegría, y cansancio. Sentí en mi carne el agotamiento de un trabajo divino»[23]. A lo que añadía pocas semanas después: «A Cristo también le costó esfuerzo (...). Su Humanidad Santísima se resistía a abrir los brazos en la Cruz, con gesto de Sacerdote eterno. A mí nunca me ha costado tanto la celebración del Santo Sacrificio como ayer, cuando sentí que también la Misa es Opus Dei. Me dio mucha alegría, pero me quedé hecho migas»[24].

A san Josemaría le es dado comprender que la Cruz, el centro mismo de la obra redentora, es también trabajo. La vinculación entre el dolor y el trabajo, que trae reminiscencias de la consideración negativa que le correspondía en otro tiempo, no debe engañar. No se trata de que la Cruz sea trabajo porque en ambos el hombre sufre, es decir, por la pasividad que conlleva, sino porque ambos constituyen un empeño eficaz. En la Cruz Cristo realiza con su activa entrega la redención de los

[23] *AGP*, P01 1990, 69. Cit. en J. ECHEVARRÍA, *Para servir a la Iglesia. Homilías sobre el sacerdocio (1995-1999)*, Rialp Madrid 2001, 191.

[24] Citado en J. ECHEVARRÍA, *Para servir a la Iglesia. Homilías sobre el sacerdocio (1995-1999)*, Rialp, Madrid 2001, 191.

hombres, y en la Misa, el sacerdote confecciona la Eucaristía unido a ese sacrificio.

Se puede pensar que esta extensión del trabajo acaba por difuminar su sentido y que lo aparta de la obra que de él resulta. Pero, por el contrario, lo que de este modo se descubre es la íntima conexión entre el amor y el esfuerzo por traducirlo en obras. El sufrimiento y el dolor no formaban parte de la criatura humana y de su actividad cuando salió de las manos de Dios, pero, una vez introducidas, son la «piedra de toque del Amor»[25] y sirven para expresar la verdad y radicalidad de la entrega. De este modo, al conectar el amor y el trabajo hasta sus últimas consecuencias, se descubre su verdadero valor y se muestra de modo patente cómo incluso la aparente debilidad del hombre manifiesta la imagen de Dios en él.

[25] San Josemaría, *Camino*, Rialp, Madrid, n. 439.

IV.
TRABAJO INTELECTUAL
Y CONTEMPLACIÓN

Trabajo manual, trabajo intelectual y contemplación

Es común distinguir entre trabajo intelectual y trabajos manuales, aunque no siempre resulta fácil determinar cuáles pertenecen a cada una de estas categorías. A menudo esta clasificación no solo se aplica a cada una de las tareas que podemos denominar trabajo, que serían unas manuales y otras intelectuales, sino también al conjunto de ocupaciones que configuran cada una de las profesiones. Habría así profesiones manuales y profesiones intelectuales, una división que se apoyaría en la preponderancia de las tareas de uno u otro tipo uno en cada profesión, o bien en las características de la actividad principal que las vertebra.

De todos modos, en todo trabajo propiamente humano se une la actividad de la inteligencia con la de las manos, si entendemos por ellas las diversas capacidades transformadoras que ejercitamos a través del cuerpo. Y si el trabajo supone modificar el mundo, es claro que las manos lo representan mejor que el cerebro, que representa, a su vez, la inteligencia; aunque ningún trabajo será propiamente humano si la excluye. Ahora bien, la actividad de la inteligencia no modifica por sí misma la realidad externa, sino solo al que la ejercita, y precisamente es esta una de sus cualidades esenciales. Y aun en el caso de que al hablar de trabajo nos refiramos ante todo al cansancio que toda actividad transformadora parece llevar consigo, la actividad de la inteligencia, por sí misma, podría parecer, al menos a simple vista —y quizá, sobre todo, para quienes hacen un empleo más rudimentario de ella—, una forma atenuada de trabajo, pero no su analogado principal.

San Josemaría propone como camino espiritual para el cristiano, en particular para aquel que vive en medio del mundo, santificar el trabajo, las ocupaciones ordinarias, y defiende que esto no resulta posible sin la aspiración de convertirse en «contemplativos en medio del mundo»[1]. La expresión puede resultar atractiva para algunos y, para otros, ante todo enigmática. Pero para cualquiera que conozca la historia y tradición de la espiritualidad cristiana el término «contemplación» remite a la mística, de la que la Iglesia tiene

---

[1] Cfr. «(...) Los fieles de la Prelatura, mientras se dedican a las ocupaciones de la vida ordinaria y del trabajo cotidiano, deben procurar la continua unión y el trato de su alma contemplativa con Dios». *Estatutos del Opus Dei*, n. 82. M. BELDA, «Contemplativi in mezzo al mondo», L. TOUZE, (ed.), *La contemplazione cristiana: esperienza e dottrina*, Libreria Editrice Vaticana, Città del Vaticano 2007, 151-176.

una larga y profunda experiencia, y el término «mística» suele evocar fenómenos poco comunes o, por lo menos, unas cimas que solo unos pocos consiguen alcanzar.

Al hablar de fenómenos poco comunes no nos referimos necesariamente a «fenómenos extraordinarios», sino a la convicción bastante extendida de que, si la mística es la unión con Dios en esta vida, aunque muchos cristianos la pueden tener por la gracia, son pocos los que la logran experimentar. Pues al hablar de mística no solo nos referimos a la unión que todo cristiano tiene con Dios mediante la fe y los sacramentos, sino también a cierta experiencia de esa unión y a una familiaridad con lo divino que no se limita a la mera convicción intelectual. Esta parece la razón por la que san Josemaría escoge cuidadosamente la palabra «sentido de la filiación divina» para referirse al modo en que los fieles del Opus Dei deben considerar el fundamento de la espiritualidad del Opus Dei[2]. No se trata, por supuesto, de un sentimiento, pero tampoco de una simple convicción: la conciencia de la propia relación filial con Dios debe ser una convicción intelectual basada en la fe, pero, al mismo tiempo, tener la proximidad y la eficacia de aquello que se siente y se puede paladear.

Santificar las ocupaciones ordinarias consiste, para san Josemaría, en convertirlas en oración[3]. Pero existen

---

[2] «El fundamento sólido por el que se mantiene todo en el Opus Dei y la raíz fecunda que vivifica todo es el sentido humilde y sincero de la filiación divina en Cristo Jesús». *Estatutos del Opus Dei*, 80 §1.

[3] «Nosotros hemos de convertir —por el amor— el trabajo humano de nuestra jornada habitual, en obra de Dios, con alcance eterno». *Forja*, 742.

muchas formas de oración. ¿Es posible convertirlas en oración contemplativa? Si volvemos la vista al Nuevo Testamento, este nos presenta a Jesús como un trabajador manual, un artesano, y a san Pablo desempeñando un oficio manual para ganarse la vida[4]. La contemplación parece una actividad del espíritu que requiere atención y concentración en aquello que se contempla y, si esto es así, resulta difícil conciliarla con las actividades que reclaman una especial presencia de la mente. Quizá por esta razón, aunque la tradición espiritual no ha considerado que el trabajo se oponga a la oración contemplativa, parece haberse inclinado ante todo por vincularla con los trabajos manuales o con aquellas actividades que no ocupan toda la atención del espíritu.

En la espiritualidad monacal los trabajos manuales son particularmente apreciados. Por ejemplo, san Agustín reprocha a aquellos monjes que quieren prescindir del trabajo manual de la vida del monje y consideran que solo están obligados a la oración y la predicación[5]. El trabajo manual tiene muchas ventajas —por ejemplo, colabora al propio sustento y puede ser una forma evidente de servicio—, pero, entre ellas, quizá también se atiende a que es compatible con la ocupación de la mente en las cosas divinas, con disfrutar conscientemente de la compañía de Dios.

Es más, si confrontamos algunas de las definiciones clásicas de la oración, esta parece excluir aquellas

---

[4] Cfr. *Hch* 18, 3.

[5] Cfr. J. L. ILLANES, *Ante Dios y el mundo. Apuntes para una teología del trabajo*, EUNSA, Pamplona 1997, 63 ss.

actividades de la inteligencia que no estén directamente orientadas a Dios. Así la define san Juan Damasceno: «La oración es la elevación del alma a Dios o la petición a Dios de bienes convenientes»[6]. Para Ricardo de san Víctor esta es: «*Libera mentis perspicacia in sapientiae spectacula cum admiratione suspensa*» («libre consideración de la mente en lo que se ofrece a la sabiduría suspendida con admiración»)[7] o, según santo Tomás, «*simplex intuitus veritatis*» («simple contemplación de la verdad»)[8]. Y, en palabras de san Francisco de Sales, la contemplación es «atención amorosa, simple y permanente del espíritu a las cosas divinas»[9]. ¿Cómo podría ocuparse la mente en una tarea intelectual absorbente en esas condiciones? La actividad intelectual solo parece convertirse en oración cuando meditamos en la palabra de Dios e intentamos entenderla, y entonces parece destinada a consumarse en una contemplación amorosa que no parece requerir ya del trabajo de la mente, porque este es sustituido por la iniciativa de Dios.

En algunos momentos, en la tradición cristiana, incluso parece caer sobre las ocupaciones intelectuales una sombra de sospecha. Es cierto que son buenas en sí mismas y resultan necesarias, pero su ejercicio se encuentra

---

[6] San Juan Damasceno, *Expositio fidei*, 68 [*De fide orthodoxa* 3, 24]: PTS 12, 167 (PG 94, 1089). Cit. En *Catecismo de la Iglesia Católica*, n. 2559.

[7] Ricardo de San Víctor, *Beniamin maior*, I, 4 (PL 196, cols 66-68).

[8] *S. Th.*, II-II, q. 180, a. 3, ad 1; a. 6, ad 2).

[9] San Francisco de Sales, *Traité de l'amour de Dieu*, l. 6, c. 3, en *Oeuvres de Saint François de Sales*, Annecy, t. IV, 312.

sujeto a graves peligros. «La ciencia hincha»[10] y la sabiduría de este mundo parece oponerse a Dios. Quienes se entretienen en sus pensamientos parecen solitarios y ajenos a la voz de Dios que les llama: parece que quieren controlarlo y someterlo a su juicio.

Conviene detenerse a recordar marco teórico en que se plantean estas dificultades. Los filósofos griegos, que tanto influyeron en las primeras reflexiones teóricas y prácticas de los autores cristianos, nos legaron una clara distinción entre las actividades propias de los esclavos y las de los hombres libres[11]. A los primeros correspondían ante todo el trabajo de las manos que subvenía a las necesidades de la vida. Aristóteles les atribuye el ámbito de la producción, la *poiesis*, en el que las obras no son medidas por el beneficio que reportan al sujeto como tales acciones, sino por la adecuación a unos fines exteriores. La técnica (*techné*) se caracteriza porque no perfecciona por sí misma a quien la ejerce; es más, a menudo, su resultado es separable de su autor y puede ser empleado para el fin de otro. No es que Aristóteles condene este tipo de actividad, pero reconoce que es el que más se aviene con la dependencia y subordinación del esclavo respecto de su señor. El hombre libre, sin embargo, es aquel que —en gran medida, gracias al trabajo de otros— se encuentra liberado de las necesidades de la vida y puede entregarse a actividades que son fin en sí mismas y que, por lo tanto,

---

[10] *I Cor* 8, 1.

[11] Un interesante desarrollo de las consecuencias socioculturales de esta distinción se puede encontrar en H. MARÍN, *La invención de lo humano: la génesis sociohistórica del individuo*, Iberoamericana, Madrid 1997, 39 ss.

le perfeccionan con su solo ejercicio. En esto se muestra su dignidad y superioridad.

Lo que Aristóteles formula desde el análisis de los tipos de actividad humana parece insertarse en una larga tradición griega, reflejada en una de las obras más importantes en la formación de ese pueblo. «Por eso me despachó contigo —dice Fénix a Aquiles en la Ilíada refiriéndose a su padre—, para que te enseñara todo eso, a ser decidor de palabras y autor de hazañas»[12]. La palabra parece opuesta a la producción. Mientras que la producción se dirige a las cosas, la palabra se dirige a otros hombres, sea para mandarles o para convencerles, o sencillamente para ilustrarles cuando se sabe algo que ellos no conocen. Es una realidad especialmente digna sobre la que se basa la convivencia, pues está destinada no solo a expresar el dolor o el placer, sino a hablar sobre lo justo y lo injusto[13].

En cuanto a las hazañas, Fénix no se refiere a las tareas cotidianas, sino a las grandes obras en las que brilla la excelencia del individuo, en particular a las hazañas bélicas, en las que el hombre pone en riesgo su vida mostrando que hay bienes que tiene en más estima que aquella. Esta disposición es prueba del carácter del hombre libre; por eso se llega a afirmar que el esclavo merece su condición precisamente porque ha preferido la vida a la libertad. Pero la nobleza y la magnanimidad no parecen corresponder al ámbito de lo productivo, sino al de la vida política[14].

---

[12] HOMERO, *Iliada*, IX, 442-443.
[13] Cfr. ARISTÓTELES, *Política, 1253 a.*
[14] Cfr. ARISTÓTELES, *Ética a Nicómaco*, IV, 3, 1123 a 33 ss.

A estas actividades tan estimadas por los antiguos, los filósofos añadirán una nueva, aquella en torno a la cual gira la filosofía: la contemplación. La contemplación (*theoría*) es descubierta como una especie de visión interior, que sorprende la naturaleza oculta de las cosas y provoca un gozo superior al de cualquier otra. Es una actividad vital, que Aristóteles considera como la forma más alta de vida, hasta el punto de que no duda en identificar con ella al ser supremo: la *nóesis noéseos nóesis*[15], un acto de entender que entiende lo más alto, es decir, a sí mismo. Contemplar lo más digno es la actividad más elevada a la que el hombre puede aspirar, tanto que, si pudiera conformarse totalmente con ella, sería igual a los dioses. Pero contemplar, aunque sea actuar en modo sumo, no es lo que nosotros entendemos por trabajar, sino más bien descansar ejercitando una actividad gozosa que no está subordinada a ningún otro fin. El saber, como pone de relieve Aristóteles, en el que descansa la mente, la parte más alta y digna del ser humano, germina en el tiempo libre[16].

Es cierto que esta caracterización acepta muchos matices. Aristóteles no es el único pensador griego y la cultura griega no es monolítica, sino que se encuentra entreverada por muchas corrientes e intereses. Pero es una buena muestra de algunas actitudes muy arraigadas, sobre todo en el mundo intelectual de que se han nutrido y con el que se han visto obligados a dialogar muchos de los primeros cristianos. Siglos después, Plotino llegará a afirmar que la pura contemplación del Uno es la actividad

---

[15] Cfr. *Metafísica*, XII, 9, 1074 b 34.
[16] Cfr. *Metafísica*, I, 1, 981 b 20-24.

más alta a la que podemos aspirar; y, a pesar de haber declarado imposible determinar la naturaleza del Uno, la hipóstasis originaria y suprema de la que todo lo demás procede, que se encuentra más allá de toda palabra o concepto, se aventura a caracterizarlo, si de algún modo se puede hacer, como cierta contemplación[17].

Actividades como el comercio y la producción eran mucho mejor vistas por el mundo judío. Trabajar se presenta como fin del hombre en algunos de sus libros sagrados[18], aunque el pensar, que es una forma de trabajo intelectual, parece destinado ante todo a meditar la ley de Dios para ponerla en práctica. De todos modos, aunque el trabajo sea muy importante y digno de respeto, hasta el punto de que se puede atribuir a Dios[19], que crea trabajando, no parece lo definitivo. La semana se organiza en torno al sábado, al que corresponde el descanso y el culto[20]. La alegría en Dios que propicia es una forma de contemplación. Israel no es insensible al atractivo de la contemplación, pero esta suele continuarse en la exultación y la alabanza, como si el hombre no pudiera detenerse en la pura contemplación y tuviera que hacer algo para corresponder a ella. Es una consecuencia de que tanto lo que se contempla como aquel que contempla son realidades personales y, en este último caso, es un ser que debe implicar en la contemplación también el cuerpo y todas capacidades[21]. Ahora bien, si

---

[17] Cfr. *Enéadas*, III, 8, 4.
[18] Cfr. *Gen* 2, 15; *Job* 5, 7.
[19] Cfr. *Gen* 2, 2.
[20] Cfr. *Gen* 2, 3.
[21] «Mi corazón y mi carne se alegran por el Dios vivo». *Sal* 84, 3.

consideramos trabajo esta actividad que responde a la contemplación, parece que nos encontramos ante otro modo de ver la actividad humana.

Para los cristianos, el trabajo manual es algo digno de Dios, pues Cristo ha sido un trabajador. Y contemplar o celebrar la gloria de Dios, que corresponde a la actividad de la mente, son actividades que deben acompañar toda la jornada[22]. Pero ¿qué decir del trabajo intelectual? Los cristianos acabarán aceptando una distinción entre tareas libres y serviles propia del mundo antiguo y concederán un tratamiento distinto no solo a la contemplación, sino a los trabajos intelectuales, a los que se desarrollan más con el cerebro que con las manos[23]. Sin embargo, es necesario señalar que este reconocimiento de una mayor dignidad a esas tareas por motivos naturales no parece corresponderse con una mayor valoración espiritual y cristiana. A fin de cuentas, el trabajo manual es el trabajo de los sencillos y el trabajo intelectual solo parece alcanzar una especial dignidad cristiana cuando se pone al servicio de la fe, como ocurre en los predicadores y teólogos.

El trabajo intelectual seguirá siendo visto, no con aversión, pero sí con recelo, como si estuviera cercado por una pendiente que conduce fácilmente a la vanidad y a la autocomplacencia. Esta advertencia afecta incluso, y más aún si cabe, al trabajo del teólogo, que puede confundir

---

[22] «En fin, tanto si coméis como si bebéis, o hacéis cualquier otra cosa, hacedlo todo para gloria de Dios». *I Cor* 10, 31.

[23] «*Opera servilia* sunt illa, quae a) potissimum labore corporali perficiuntur, b) immediate ordinantur ad utilitatem corporis, c) antiquitus a servis fieri solebant». D. M. PRÜMMER, *Manuale Theologiae Moralis*, II, Herder, Barcelona 1961, n. 488.

pensar sobre Dios con servirle[24]. El trabajo intelectual que sirve a Dios está encaminado a servirle y contemplarle y su prototipo son actividades como la lectura (*lectio*) y la meditación (*meditatio*), encaminadas a la contemplación de Dios, que ya no es propiamente trabajo. En resumidas cuentas, el trabajo intelectual es apreciado desde un punto de vista humano y alabado en la medida en que se orienta al servicio o a la contemplación, sin embargo, en este último caso, aunque puede ser un medio para llegar a la contemplación, no se identifica con ella. ¿Qué podría querer decir en esas condiciones que el trabajo intelectual es, por sí mismo, contemplación?

Todo trabajo es intelectual

Lo que, teniendo en cuenta estas observaciones, puede parecer difícil o descartable, no es, sin embargo, en la enseñanza de san Josemaría una simple propuesta, sino una doctrina clara e inobjetable. Un punto importante de esa enseñanza, que parece contrariar algunas interpretaciones

---

[24] «¿Qué te aprovecha disputar altas cosas de la Trinidad, si careces de humildad por donde desagrades a la misma Trinidad? Por cierto las palabras subidas no hacen santo ni justo, mas la virtuosa vida hace al hombre amable a Dios. Más deseo sentir la contrición, que saber su declaración. Si supieses la Biblia a la letra, y los dichos de todos los filósofos, ¿qué te aprovecharía todo sin caridad y gracia de Dios?». Tomás de Kempis, *Imitación de Cristo*, I, cap. 1. «No tengas deseo demasiado de saber; porque en ello se halla grande estorbo y engaño. Los letrados huelgan de ser vistos, y tenidos por tales. Por eso muchas cosas hay que saberlas poco o nada aprovecha al ánima; y mucho es ignorante el que en otras cosas entiende salvo en las que tocan a la salud». I, cap. 2.

tradicionales, es la afirmación de que todos los trabajos son por sí mismos igualmente valiosos. San Josemaría no hace grandes distinciones entre el orden natural y el sobrenatural cuando proclama que todos los trabajos son igualmente dignos y que no se puede dividir a las personas basándose en ellos[25]. La razón fundamental es que todo trabajo es ante todo servicio, y su valor humano primordial depende del amor con que la persona lo ejerce y no de su materialidad. Es una consecuencia de la convicción de san Josemaría de que lo que califica al trabajo como actividad humana es ante todo el amor, entendido como actividad espiritual abierta a la elevación sobrenatural por la caridad: el amor a los demás y a los demás por Dios[26]. Es esto precisamente lo que nos sitúa en el ámbito de la eternidad y no solo, como señalaban los filósofos antiguos, el acto contemplativo de la inteligencia, que ahora solo adquiere su plenitud en el contexto del amor.

Sin terciar en la clásica polémica sobre la mayor importancia de la inteligencia o de la voluntad, san Josemaría recoge y prolonga la convicción cristiana de que el amor es una actividad perfecta. El primer fruto de esta convicción en el orden doctrinal y teórico ha sido el desarrollo del estudio de la voluntad como una facultad espiritual capaz de actos perfectos, y no solo como un mero deseo subordinado a la posesión intelectual[27]. Las realidades espirituales se «poseen», si así cabe decirlo, a través del amor y no solo de la contemplación intelectual, aunque

---

[25] Cfr. *Es Cristo que pasa*, n. 47.
[26] Cfr. *Es Cristo que pasa*, n. 48.
[27] Cfr. Tomás de Aquino, *S. Th.*, I, q. 37, a. 1, ad 2.

esta es una persuasión que no ha sido fácil de elaborar desde el punto de vista teórico.

Esto podría verse como un motivo más para desconfiar de la actividad intelectual, pero no es el caso de san Josemaría. El pensamiento cristiano tuvo serios problemas para caracterizar el acto de la voluntad como acto superior del espíritu. La filosofía antigua de la que partía tendía a identificar lo que nosotros denominamos voluntario con el deseo, que denota siempre carencia de aquello a que se aspira. Ahora bien, si «Dios es Amor»[28], no cabe duda de que en él hay «algo más» que lo que llamamos habitualmente inteligencia y que el acto de querer puede ser también un acto perfecto. Pero si la voluntad es distinta del entendimiento, ¿qué es lo que la caracteriza? Para Tomás de Aquino, que ha escrito páginas luminosas sobre el tema, la voluntad es un asunto oscuro y difícil en comparación con el entendimiento. Esta dificultad acabará en algunos autores en una distinción entre entendimiento y voluntad que acentúa en esta última la eficiencia y excluye la luz. Pero, si bien es cierto que la voluntad añade a la luz del mero saber una salida de sí comprometida por parte de la criatura espiritual, esto no legitima para afirmar que la voluntad sea lo opuesto a la luz. Más bien contiene otro tipo de luz que, en este caso, se extiende a la eficacia transformadora. Esa eficacia no es en nosotros inmediata y absoluta como en el caso de Dios, pero es real y, realizándose a través de nuestro cuerpo, nos transforma a nosotros y, hasta cierto punto, a lo que nos circunda[29].

---

[28] *I Jn* 4, 8.

[29] «Seguramente la oscuridad temática de la voluntad reside en denegarle una iluminación que verse directamente sobre ella». L. Polo,

La voluntad aporta conocimiento de la realidad, una aportación que es distinta en los distintos modos de trabajo, y esto es también cierto en la medida en que guía el trabajo intelectual. Para comprender esto es preciso también detenerse en la dimensión de trabajo que tiene el trabajo intelectual, es decir, de esfuerzo dirigido a la realización de algo que no existe. En este caso se trata de realizar la verdad. También descubrir una nueva verdad es realizarla de algún modo porque la «damos a luz» o la «hacemos real», en primer lugar, en nosotros, y eso es, de algún modo, una nueva creación. Por lo demás, en Dios contemplar la verdad y «hacerla» son idénticos.

Desde esta perspectiva, que incluye el ejercicio de la inteligencia en la actividad de la voluntad, y atribuye a esta un añadido sobre aquella, se entiende por qué el valor del trabajo puede contener más que la «simple» actividad intelectual. En esta, la persona es activa, pero no se expresa ni aporta, apenas continúa y corresponde a lo contemplado. La intervención de la voluntad, que no sería posible sin la inteligencia, es una luz de algún modo creadora y esto no solo vale respecto de las obras externas que suscita, sino de la configuración de la persona que las ejerce, que, en el estado de viador, es más un proyecto y una promesa que una realidad cumplida y plenamente activa. Se trata de una enseñanza que está contenida también en la tradición. Gregorio Magno

Antropología trascendental, tomo II: La esencia de la persona humana, EUNSA, Pamplona 2003, 213 ss.

afirma: «*Per amorem agnoscimus* (conocemos mediante el amor)». Más aún: «*Amor ipse est notitia* (el mismo amor es conocimiento)»[30].

Que el amor no excluye el ejercicio y la actividad de la inteligencia ni se opone a ella es uno de los rasgos más característicos de la enseñanza de san Josemaría sobre el trabajo. Hasta el punto de que no he encontrado unos acentos tan enérgicos sobre este punto en ningún autor anterior. De un modo muy claro esto se pone de manifiesto en los primeros compases de su predicación, dirigida sobre todo a estudiantes universitarios. «Una hora de estudio, para un apóstol moderno, es una hora de oración»[31]. Si cabía alguna duda de que ese trabajo que nos anima a santificar incluye las dimensiones intelectuales, resulta que el estudio es en sí mismo trabajo y de la más alta categoría: «Es más fácil bullir que estudiar, y menos eficaz»[32].

Prepararse para el servicio es ya un servicio de gran calidad, que garantiza precisamente la calidad del servicio futuro. Esta es una de las formas de interpretar su expresión «para servir, servir»[33]. Por eso el estudio no es para él algo que se abandona para hacer «cosas útiles» o para servir a los otros. El estudio debe preceder y acompañar a las acciones, para rectificarlas y mejorarlas, mediante la acumulación útil de experiencia, y para abrir nuevos horizontes a la mejora y el progreso.

---

[30] *Moralia*, X, 8, 13.
[31] *Camino*, 335.
[32] *Surco*, 524.
[33] Cfr. *Carta 31-V-1943*, n. 8.

Se aprende para hacer y se aprende haciendo[34]. Por esta razón puede proponer el estudio no solo como una actividad a la que hay que dedicar «tiempo en el lugar oportuno, con los medios oportunos»[35], sino, en sentido estricto, también como una «norma de siempre», es decir, como una actitud que debe acompañar todas nuestras actividades.

El amor a Dios y el afán de servir espolean no solo el deseo de hacer sino el de saber: «El cristiano ha de tener hambre de saber»[36]. Y esta convicción se refleja también en una valoración extraordinariamente positiva de las actividades más decididamente intelectuales. Ya desde su juventud, comparaba a los intelectuales con las cumbres nevadas de las que acaba derramándose el agua que hace fértiles los valles[37]. El intelectual es, por lo tanto, una pieza clave para propagar el mensaje de Cristo. De hecho, tras «ver» el Opus Dei, si bien comienza a trabajar con todo tipo de personas, pronto llegará a la convicción de que su trabajo debe comenzar por los intelectuales, entendiendo con ese nombre en sentido amplio todas aquellas profesiones que en aquella época tenían rango universitario, es decir, las que se apoyaban en un saber riguroso y sistemático. De

---

[34] «(…) "Hacer" es también formarse». *Surco*, 402.

[35] «Para nuestra santidad, doctrina. Para el apostolado, doctrina. Y para la doctrina, tiempo, en el lugar oportuno, con los medios oportunos. No esperemos unas iluminaciones que Dios no tiene por qué darnos, cuando nos da unos medios humanos concretos: el estudio, el trabajo». *Instrucción mayo de 1935*, 14-IX-1950, nota 67.

[36] *Es Cristo que pasa*, 10.

[37] Cfr. J. ECHEVARRÍA, *Carta 1-V-1994*.

hecho, la Obra intenta promover la santificación del trabajo «especialmente entre los intelectuales»[38].

Este modo de proceder se puede explicar por varias razones. Es cierto que aquellas personas que tienen una profesión intelectual pueden aspirar a una mayor influencia en la sociedad. Pero también es preciso tener en cuenta que el Opus Dei es una gran catequesis[39] y que su fundador estaba convencido de que el mayor enemigo de Dios es la ignorancia[40]. Por esta razón convenía que el espíritu del Opus Dei fuera transmitido contando en especial con aquellos que están en mejores condiciones de entender intelectualmente su mensaje y la doctrina de la iglesia. San Josemaría es consciente de que lo primero es la oración y la vida interior y que las almas que gozan de ellas poseen una sabiduría maravillosa[41], y también de la importancia de que la doctrina

---

[38] «(…) La Prelatura busca trabajar con todas sus fuerzas para que personas de todas las condiciones y estados de la sociedad civil, y en primer lugar los denominados intelectuales, se adhieran de todo corazón a los preceptos de Cristo Nuestro Señor y los lleven a la práctica, en medio del mundo, mediante la santificación del trabajo profesional propio de cada uno, para que todas las cosas se ordenen a la Voluntad del Creador; y formar hombres y mujeres para ejercer el apostolado igualmente en la sociedad civil». *Estatutos del Opus Dei*, 2, §2. La cursiva es mía.

[39] «(…) Cualquiera que sea la forma de nuestros apostolados, siempre tienden a un único fin: dar doctrina». *Carta 15-VIII-1953*, n. 22.

[40] (…) Me habéis oído decir tantas veces que el mayor enemigo de Cristo y de la Iglesia es la ignorancia, y que, por eso, tenemos la obligación de formarnos, de conocer bien la doctrina, para poder luego darla, sin desfigurarla, a pesar de nuestros errores personales». *Apuntes de una meditación*, 4-II-1962 (AGP, P01 XII-1968, 79-80).

[41] «Hay una ciencia a la que solo se llega con santidad; y hay almas oscuras, ignoradas, profundamente humildes, sacrificadas, santas, con un sentido sobrenatural maravilloso». *Carta 8-VIII-1956*, n. 42.

cristiana sea comunicada con el lenguaje y estilo propio de cada grupo profesional, social o cultural. Pero también enseña de modo claro y decidido que la formación necesita tiempo, con los medios adecuados, para llevarse a cumplimiento. Dios no tiene que concedernos gracias especiales cuando nos concede los medios humanos para alcanzarla[42].

La importancia del trabajo intelectual no se limita a los «intelectuales». Es más, la plena valoración de todo trabajo humano también se traduce en poner de relieve los componentes esenciales de toda ocupación y organizarlos no solo en el orden de la eficacia sino de su dignidad intrínseca. La visión estamental o la capitalista del trabajo tienden a considerarlo solo desde su función, y esto suele conducir a una asignación unilateral de tareas entre los que saben y los que ejecutan o entre quienes mandan y quienes obedecen. Pero si el trabajo es ante todo una actividad humana encaminada al servicio es lógico considerar que todo trabajo compromete todas las capacidades de la persona. Puesto que todo trabajo tiene un componente intelectual, ningún trabajador que quiera santificarse mediante ese servicio puede ignorarlo, sino que debe sentir la exigencia de desarrollarlo en la medida de sus posibilidades[43].

---

[42] «Los apóstoles no tenían que adquirir doctrina para dialogar, porque el Espíritu Santo les movía y les daba carismas: pero nosotros, para tener ciencia y doctrina, tenemos que aprenderla con estudio y esfuerzo». *Palabras en una tertulia*, marzo de 1965.

[43] «Convéncete: tu apostolado consiste en difundir bondad, luz, entusiasmo, generosidad, espíritu de sacrificio, constancia en el trabajo, *profundidad en el estudio*, amplitud en la entrega, estar al día,

Este modo de concebir el trabajo se manifiesta en la importancia que san Josemaría concede a la formación en todas las profesiones, también las que en apariencia son más humildes o más «manuales». Las escuelas de capacitación profesional que promovió son un buen ejemplo de ello. Pero el espíritu de estudio y la necesidad de «poner la cabeza» en lo que se hace se manifiesta en la exigencia de estar al día de los progresos, en la búsqueda de nuevas soluciones y en la realización de experiencias para ayudar a que los que vienen detrás puedan comenzar en el punto a que uno ha llegado.

Este espíritu con el que se propone trabajar choca con una concepción que valore el trabajo manual solo como un remedio contra la holganza y porque es compatible con la meditación. No cabe duda de que el trabajo manual permite poner con facilidad la mirada en Dios mientras se ejecutan algunas de las tareas que lo componen. Pero no se podría santificar según el espíritu que san Josemaría propone aquel a quien esa liberación de la mente le llevara a descuidarlo o no poner empeño en mejorarlo. La mente se debe ocupar en la actividad que se ejerce. Este componente de atención a los detalles y de búsqueda de la innovación, de encarar científicamente la actividad que se desarrolla, forma parte de la profesionalidad con que debe desempeñarse y deriva del amor y el deseo de servicio. Es algo que se ve con claridad en su actitud ante el

---

obediencia absoluta y alegre a la Iglesia, caridad perfecta... —Nadie da lo que no tiene». *Surco*, 927. La cursiva es mía. No deja de ser digno de notar que el estudio forme parte inseparable de la tarea apostólica que debe realizar cualquier cristiano en medio del mundo.

trabajo del hogar y en la de las personas que han luchado por vivir sus enseñanzas[44].

Estas observaciones no responden a la pregunta por en qué sentido se puede afirmar que el trabajo intelectual puede ser contemplativo, pero, en mi opinión, contribuyen a enmarcarlo. Antes de considerar si el trabajo intelectual puede ser contemplación conviene entender cuál es su significado y su lugar en la enseñanza de san Josemaría. Estas breves pinceladas intentan poner de manifiesto algunos aspectos que, desarrollados sin prejuicios y sin servilismo a los modelos vigentes desde los que se entiende el trabajo y su componente intelectual en nuestra época, contienen consecuencias «revolucionarias».

Todos los trabajos, hemos dicho, deben ser considerados como manifestación del amor, un amor que no se traduce solo en contemplación extática y arrebatada, sino en una diligente actitud de servicio[45]. El hombre ha sido

---

[44] «San Josemaría disfrutaba oyendo a Dora explicar el funcionamiento de los electrodomésticos que había descubierto en la capital británica: un triturador de alimentos, colocado en la pila de fregar; una máquina para pelar patatas; otra de barrer o de secar ropa; la freidora eléctrica. Eran aparatos que apenas se conocían aún en Italia o en España o que, al menos, no eran de uso común. El Fundador les sugirió que fuesen a las representaciones comerciales, para obtener información más precisa. "Yo diría [comenta Amelia Díaz-Guardamino] que, al constatar su sentido profesional, nuestro Padre veía en Dora un sueño hecho realidad de lo que debía ser una hija suya numeraria auxiliar"». J. MEDINA, *Una luz encendida. Dora del Hoyo*, Palabra, Madrid 2011, 86.

[45] «La devoción sincera lleva al trabajo, al cumplimiento gustoso —aunque cueste— del deber de cada día. Por eso somos contemplativos, porque hay una íntima unión entre esa realidad sobrenatural

hecho para trabajar, y, según parece, también en esto se distingue de los ángeles. Ha sido dotado de un cuerpo —un cerebro y unas manos, si sirve esta expresión simplificadora—, de modo que puede transformar la realidad para subvenir a las necesidades de los otros transformándose al hacerlo. Así considerado, resulta claro también que es el servicio la fuente de toda dignidad, algo que todas las sociedades reconocen, si bien no siempre alcanzan a organizarse adecuadamente respecto a esta realidad. Por el contrario, en muchas ocasiones, lo que se considera y valora es el brillo del trabajo o el poder que proporciona, con la consecuencia de que se desprestigian y desatienden aquellos trabajos que comportan un mayor servicio y que vertebran realmente la sociedad; o, si se valoran, es a menudo por razones extrañas a su verdadero sentido.

El TRABAJO INTELECTUAL COMO CONTEMPLACIÓN

Pero, dejando de lado las consecuencias sociales de esta doctrina humana y cristiana que san Josemaría ha defendido, debemos ahora concentrarnos en la pregunta principal que motiva estas páginas. Vamos a detenernos en la actividad intelectual misma, la que corresponde a todo trabajo y que domina en algunas personas y en sus ocupaciones: la ocupación trabajosa de la mente, que se aplica a cualquier objeto, y no solo a las realidades divinas.

Esta actividad, hemos de recordarlo, fue también la dominante entre las de san Josemaría. Sus ocupaciones de

_____

interior y las manifestaciones externas del quehacer humano». *Carta 6-V-1945*, n. 25.

111

gobierno le condujeron a pasar gran parte de su vida «entre papeles» y resolviendo problemas en los que tenía que ocupar la mente. Por no hablar del tiempo, que siempre consideró poco, que dedicaba al estudio o a la redacción de diversos escritos y documentos: «Me llamo Escrivá y escribo mucho»[46].

San Josemaría sabía bien en qué consistía el trabajo intelectual y no lo excluye, antes al contrario, de las actividades que pueden ser contemplativas: «La acción es contemplación y la contemplación acción, en unidad de vida»[47]. La dificultad que afirmaba encontrar en distinguir entre la oración y el trabajo parece una prueba de que él había recibido de Dios el don de contemplar también en el trabajo intelectual[48].

Otra cosa es describir en qué consiste esa contemplación. Sobre todo desde el inicio de la Edad Moderna, la teología ha intentado llevar a cabo una tipología de las formas de oración y de las experiencias místicas. Para hacerlo ha contado con profundas descripciones de gran penetración psicológica de algunos santos que las han puesto por escrito. No son los primeros en describir las experiencias del alma, pero sobresalen por su interés por describirlas «como experiencias», atendiendo de un modo particular no solo a su contenido, sino también a

---

[46] Citado por Pedro Rodríguez (ed.) en *Camino. Edición histórico-crítica*, Rialp, Madrid 2002, 322.

[47] *Carta 29-VII-1965*, n. 1.

[48] «Llega un momento, en el que nos es imposible distinguir donde acaba la oración y dónde comienza el trabajo, porque nuestro trabajo es también oración, contemplación, vida mística verdadera de unión con Dios —sin rarezas—: endiosamiento». *Carta 9-I-1932*, n. 14.

los fenómenos psíquicos que las acompañan. San Josemaría, a pesar de apreciar mucho a algunos de estos santos, como santa Teresa, no se detiene en las experiencias de lo divino si no es para transmitir su contenido. Además, ha puesto en guardia de la limitación de aquellas exposiciones teológicas que intentan señalar cuál es el itinerario del alma hacia la unión con Dios apoyándose en las experiencias de un puñado de almas. Por el contrario, insiste en que los caminos hacia Dios son innumerables y, a lo más, se limita a recordar las condiciones necesarias para la unión con Dios y a proponer de modo impersonal los mojones más importantes de su vida contemplativa[49].

Tanto su falta de insistencia en las peculiaridades de su propia experiencia espiritual como su afirmación del pluralismo de los caminos en la vida interior nos animan a pensar que también la contemplación que acompaña y anima el trabajo intelectual y la experiencia de ella puede ser muy diversa. Por otra parte, no corresponde al filósofo o al teólogo adelantar una teoría de lo que solo se puede saber y experimentar en primera persona, por parte de quien lo ejercita y experimenta. La solución al problema que nos planteamos es, en último extremo, vital: solo el Espíritu Santo puede enseñar a cada uno, con sus peculiaridades y en su concreta situación, a convertir el trabajo en oración. Sin embargo, también es cierto que una consideración teórica del problema puede ayudar a deshacer algunos equívocos y a despejar dificultades.

---

[49] «Esta ha de ser la vida de muchos cristianos, cada uno yendo adelante por su propia vía espiritual —son infinitas—, en medio de los afanes del mundo». *Amigos de Dios*, n. 308.

No faltan en la historia de la espiritualidad cristiana experiencias que corroboran que es posible unir la oración contemplativa con la acción. Teresa de Jesús se refiere en su obra a lo que Tanquerey denomina «quietud operante»[50]. Según la descripción de la santa, la oración de quietud corresponde a la primera forma de oración contemplativa que describe, y en ella solo queda cautivada la voluntad. En el *Libro de la vida* describe una forma superior que denomina «sueño de las potencias». En este grado de oración ocurre, en ocasiones, que la voluntad queda unida durante un tiempo largo y las otras potencias quedan en condiciones de entregarse a la acción[51]. De todos modos, san Josemaría se aproxima a este tema de un modo diferente, centrado

---

[50] Cfr. A. Tanquerey, *Compendio de Teología Ascética y Mística*, Palabra, Madrid 1990, n. 1445, 766.

[51] En otra de sus obras señala: «(...) Porque acaece andar un día, o dos, que nos vemos con esta satisfacción y no nos entendemos, digo los que la tienen, y verdaderamente ven que no están enteros en lo que hacen, sino que les falta lo mejor, que es la voluntad, que, a mi parecer, está unida con su Dios, y deja las otras potencias libres para que entiendan en su servicio. Y para esto tienen entonces mucha más habilidad; mas para tratar cosas del mundo están torpes y como embobados a veces». Santa Teresa de Jesús, *Camino de Perfección*, XXXI, n. 9. En el *Libro de la vida*, al referirse a este estado, ofrece una comparación esclarecedora: «Es como si estuviésemos hablando con uno y por otra parte nos hablase otra persona, que ni bien estaremos en lo uno ni bien en lo otro». *Libro de la Vida*, XVII, n. 4. Estas descripciones parecen incompatibles con la atención que requiere la perfecta ejecución de muchos trabajos intelectuales, de modo que no parece que se pueda identificar con la «contemplación en el trabajo» a que se refiere san Josemaría. De todos modos, la comparación entre el tratamiento de ambos autores requeriría, sin duda, un estudio más profundo y detallado que aquí no podemos emprender.

en la actividad misma de trabajar, que tiene en cuenta su naturaleza en cuanto trabajo.

El mismo san Josemaría nos ha dado algunas pistas para una aproximación teórica a este asunto. En alguna ocasión recurre a un texto de Tomás de Aquino que parece despejar el problema: «(…) Cuando de dos cosas una es la razón de la otra, la ocupación del alma en una no impide ni disminuye la ocupación en la otra; (…) y como Dios es aprehendido por los santos como la razón de todo cuanto hacen o conocen, su ocupación en percibir las cosas sensibles, o en contemplar o hacer cualquier otra cosa, en nada impide la divina contemplación, ni viceversa»[52].

Este texto de Tomás de Aquino y el uso que de él hace san Josemaría nos legitiman para sostener que, para este último, la contemplación puede ser contemporánea con el trabajo intelectual, también cuando no versa directamente sobre Dios. En él Tomás de Aquino se refiere a los bienaventurados tras la resurrección de la carne. De ahí que hable de los «santos» y que aluda a su percepción sensible. De él se desprende que en ellos la contemplación de lo sensible o la ocupación, también intelectual, en cualquier otra cosa, no limita la contemplación de Dios. En virtud de su conocimiento y su experiencia de Dios, no es que las cosas les recuerden o conduzcan a Dios, sino que lo ven en todas las cosas. Esta extensión de la contemplación al cuerpo y a la actividad natural de la inteligencia

---

[52] *Carta 9-I-1932.* El texto de Tomás de Aquino pertenece al *Supplementum* de su inconclusa *Summa Theologiae*, que, como es sabido, fue confeccionado con textos de obras precedentes sobre los temas que quedaban por tratar. En este caso, está tomado de *In IV Sent.*, d. 44, q. 2, a. 1, q. 3.

es coherente con el destino eterno de nuestra naturaleza. Sería extraño aceptar que, puesto que no pueden alcanzar directamente a Dios como nuestra inteligencia, el resto de nuestras capacidades y posibilidades naturales quedaran inhibidas en la vida eterna o actuaran al margen del bien esencial en que esta consiste. Más bien cabe suponer que es ese bien el que permitirá a todas ellas llegar a un perfecto desarrollo que muestre en plenitud la imagen de Dios en el hombre.

Esto que se puede decir de los santos en la bienaventuranza, se puede extender de algún modo a la vida de quien lucha por alcanzar la santidad. Nuestras obras solo adquieren su verdadero peso y medida cuando proceden de la vida interior, es decir, de esa búsqueda constante de los reflejos y llamadas de Dios en la vida ordinaria, y de la correspondencia a ellos.

Ernst Burkhart y Javier López proponen una útil distinción entre tres sentidos distintos en que trabajo y contemplación pueden compenetrarse: contemplar «mientras» se trabaja (o, en sus propias palabras, «mientras se realizan las actividades ordinarias»), «a través» del trabajo y «en» el trabajo[53]. En vista de mi objetivo intentaré completarla con algunas distinciones.

Con la primera de ellas —contemplar «mientras» se trabaja— se alude sobre todo a la posibilidad de tener explícitamente presente a Dios mientras se realiza una actividad que lo permite. Como hemos visto, es condición para que esa actividad, en cuanto trabajo, se pueda

---

[53] Cfr. E. BURKHART, E., J. LÓPEZ, *Vida cotidiana y santidad en la enseñanza de san Josemaría: Vol. I*, Rialp, Madrid 2011, 153 ss.

santificar, que esté bien hecha y, por lo tanto, que se atienda a realizarla con la mayor perfección posible. De todos modos, hay muchas ocupaciones en que no resulta difícil hacer compatible una doble atención de la mente. Es más, algunas actividades, como en el caso de un desplazamiento o una tarea mecánica, pueden incluso facilitar que la mente se concentre en otra cosa.

Pero la presencia de Dios también puede suscitarse «con ocasión» del trabajo, del mismo modo que muchas ocupaciones, como aquellas con las que servimos a una persona presente nos llevan, por su misma naturaleza, a pensar una y otra vez en la persona a la que servimos. Para facilitar que las ocupaciones lleven a Dios de este modo, consciente de que todas las tares y servicios al prójimo pueden ser, en último extremo, referidos a Dios, san Josemaría propone el uso de «industrias humanas», es decir, de recordatorios que sirvan para despertar el recuerdo de Dios. Puede ocurrir que su efecto alcance tan solo a pensar en Dios mientras se trabaja, pero si estas ayudan realmente a ver a Dios como fin de nuestra actividad, la contemplación de Dios se hace más natural y más eficaz. En este caso, el trabajo mismo ya no es solo algo que permite hacer oración, sino que empuja a ella.

Esta última forma de contemplación es compatible con las actividades intelectuales, pero exige suspenderlas hasta cierto punto. De todos modos, esta suspensión del trabajo intelectual y de la concentración de la mente forma parte de la dinámica natural del trabajo intelectual. La vida humana está sometida a ritmos. Ni siquiera la vigilia es continua, sino que cede paso al sueño. La alternancia sueño-vigilia se reproduce en la concentración intelectual. Parece que el hombre no puede estar continuamente consciente y, sin embargo, Dios sigue haciendo en él su obra, por ejemplo, mediante el crecimiento y la reorganización corporal. Nuestra consciencia misma es precaria e insuficiente, no solo la que tenemos de Dios.

Ninguna actividad que exija concentración dura indefinidamente, sin pausas o parones, a veces exigidos por su propia naturaleza —hay que pasar de pensar en una cosa a pensar en otra, por ejemplo— y otras por la simple limitación de nuestra capacidad intelectual. Las interrupciones del trabajo intelectual son una ocasión para descansar o para pensar en la persona por la que se realiza. De hecho, aun el trabajo realizado con más amor, si es absorbente, no puede sustituir a la consideración explícita de la persona amada, que puede venir una y otra vez a la mente sin que por esto pueda hablarse propiamente de distracción.

Pero la tesis que se defiende aquí es que la contemplación se puede realizar en sentido estricto no solo «mientras» se trabaja intelectualmente, sino «a través» y «en» el trabajo intelectual, porque este mismo trabajo es contemplación, y esto nos plantea otras dificultades.

San Josemaría se refiere a esta actitud contemplativa, que no se puede separar del ejercicio de la actividad intelectual, citando también a Tomás de Aquino, precisamente a propósito de un trabajo eminentemente intelectual: «El estudio y la docencia —vuestro trabajo profesional— son en nuestro caso medio de santidad personal, de unión con Dios: porque, "como a través de los efectos divinos podemos llegar a la contemplación del mismo Dios, según la enseñanza de san Pablo: «lo invisible de Dios puede ser conocido por medio de las cosas creadas» (cfr. Rm 1, 20), también como elemento secundario pertenece a la vida contemplativa la contemplación de los efectos divinos, en cuanto su conocimiento empuja al hombre al conocimiento de Dios" (Santo Tomás, *S. Th.*, II-II, q. 180, a. 4, c)»[54].

Un fruto del trabajo intelectual bien hecho es despejar y hacer más clara la presencia de Dios en su creación, que también se puede ver oscurecida por el acostumbramiento y por el desorden de la naturaleza de quien la contempla. Y esto ocurre en primer lugar con quien lo ejerce. La fe sana y eleva la inteligencia refrendando su despliegue natural que, de este modo, muestra de forma más clara que la realidad proviene de Dios y a él remite. Esto se puede aplicar, aunque de formas diversas, a la dimensión intelectual de todos los trabajos.

Pero además, si el hombre es imagen de Dios y ha sido creado para trabajar, su actividad, cuando se lleva a cabo con rectitud, introduce algo nuevo en la creación, que, por sí mismo, contiene una nueva referencia al creador. Es cierto que podemos contemplar a Dios en la naturaleza, pero ordinariamente esto mismo supone un esfuerzo. Un ejemplo de ello es el trabajo del científico, que estudia detenidamente la naturaleza, o el del artista que nos ofrece, a través de sus producciones, nuevas y más profundas formas de contemplarla. Es cierto que la mirada contemplativa que parte de la naturaleza y es potenciada por el trabajo humano presupone y debe volver una y otra vez al asombro inocente del niño. Pero no puede detenerse en

---

[54] *Carta 2-X-1939*, n. 13.

él: el hombre, con su actividad, debe tomar a su cargo esa misma naturaleza que lo sorprende, lo que se traduce en usarla, continuarla y perfeccionarla.

Este sentido de la contemplación corresponde tanto a los aspectos más teóricos como a los más prácticos del trabajo intelectual. En el primer caso, cuando el trabajo intelectual busca conocer y comprender la realidad, la mente se orienta siempre hacia la fuente de toda verdad, y busca, aunque no sea de forma explícita, conocer mejor a Dios a través de ella y encontrar su verdadero lugar en el plan creador. En el segundo, la aplicación de la inteligencia a resolver problemas prácticos parte siempre del estudio sereno de aquello que está en juego y se dirige a ordenarlo hacia Dios. De este modo, Dios siempre está presente en todo trabajo intelectual porque siempre lo están en él, cuando este es recto, la orientación hacia la verdad y hacia el bien.

No puede bastar, por tanto, para que el trabajo intelectual sea verdaderamente contemplativo que nos conformemos con conocer las leyes naturales o sociales que hacen posible predecir los acontecimientos. La referencia del trabajo intelectual a Dios se refleja también de algún modo en su contenido. No siempre en lo que expresamos explícitamente a otros, pero sí en su ejercicio. La actividad intelectual que se orienta a la contemplación siempre incluye una tensión hacia la sabiduría, a la búsqueda del lugar y la orientación a Dios de lo que se considera o intenta resolver.

La inteligencia que se ocupa en conocer y contemplar la creación lleva a cabo una aportación a la consideración explícita y directa de Dios. Aunque quien ama a

Dios desea contemplarlo, nuestra consideración directa de Dios debe apoyarse en la imaginación y en las ideas previamente logradas, con la ayuda de la propia experiencia y de nuestro pensamiento. Pero esto limita nuestra comprensión de la naturaleza y de la revelación: las imágenes e ideas en que nos apoyamos para contemplar a Dios son limitadas y, a menudo, inadecuadas y requieren una purificación[55].

El trabajo de la inteligencia sirve para poner de manifiesto la inadecuación de nuestras imágenes e ideas sobre Dios. La misma inteligencia, cuando se detiene y se conforma con lo ya alcanzado, puede arrojar una visión deformada de Dios y, si pretendemos extraer de ella conclusiones o aplicaciones apresuradas, incurrimos fácilmente en dogmatismos o visiones sesgadas. Es cierto que los hombres, aunque no nos podemos detener en la verdad ya alcanzada, la necesitamos para actuar y para darle gloria. Sin embargo, parece que el modo más adecuado de acceder intelectualmente a la divinidad consiste en que la contemplación de lo alcanzado siga siempre abierta a nuevos descubrimientos y a aprender de los destellos que arrojan las realidades y circunstancias que nos rodean. Así, por ejemplo, es difícil conocer, de una vez por todas, el significado del señorío de Dios, pues siempre podemos conocer mejor los diversos modos en que se realiza; o qué quiere decir que Dios es amor independientemente de

---

[55] Casiano narra la historia de un monje piadoso del desierto de Egipto que se rebeló en un primer momento, considerándola una herejía, ante la afirmación de que Dios no tenía forma humana y no se podía representar por la imaginación. J. CASIANO, *Colaciones*, I, X, II ss.

las innumerables formas —también humanas— en que este se puede realizar. Es otra forma de descubrir «ese algo santo, divino, escondido en las situaciones más comunes, que toca a cada uno de vosotros descubrir»[56] y que es, en con frecuencia y en buena medida, fruto del trabajo intelectual.

Pero aunque la naturaleza del trabajo intelectual, en la medida en que se orienta a la búsqueda de la verdad y el bien sin restricciones, permite conocer a Dios a través de su ejercicio, la contemplación sobrenatural que se puede identificar con el trabajo intelectual se nutre de una raíz más profunda. Gracias a ello uno puede ser contemplativo de forma independiente de sus logros intelectuales. Es más, esa contemplación puede ser compatible con el error o el fracaso y con la constatación de que nuestras fuerzas no son suficientes para alcanzar lo que nos proponemos. La orientación a Dios del trabajo intelectual a la que nos hemos referido hasta ahora no llega a «tocarlo» en su realidad si no está apoyada en el amor sobrenatural.

En el estado de viador, es el amor más que la inteligencia el que se refiere a Dios tal como es en sí mismo, aunque se trate de un conocimiento difícil de traducir en palabras. El amor alcanza a Dios en sí mismo, mientras que el conocimiento que de él tenemos está mediado por nuestra capacidad de poseerlo[57]. Pero el amor no es solo intención:

---

[56] *Conversaciones*, n. 114.

[57] «Tomás de Aquino dice que, en esta vida, supuesto que se ejerza un acto voluntario respecto de Dios, se toca más de cerca su real bondad que con el conocimiento intencional su verdad. La inteligencia se refiere a Dios siempre distinguiéndose de Él, en cuanto que lo poseído por la operación intelectual está en ella y la operación como tal no

tiene, por su propia naturaleza, que manifestarse en obras. Una de estas obras es el trabajo intelectual. Por eso, aunque absorba la inteligencia, en él puede encontrarse la esencia de la oración: la elevación de la mente a Dios que se traduce en la búsqueda y realización de su gloria.

Que la presencia de Dios es compatible con la concentración intelectual en una tarea lo muestra el hecho de que esa concentración siempre permite el descubrimiento de las exigencias morales implicadas en nuestra acción, que, en último extremo, son llamadas divinas. La misma apertura a esas exigencias morales de nuestra acción comporta una cierta «contemplación de Dios», que se presenta como el imperativo de hacer el bien y de hacerlo bien que siempre está presente en nuestra actividad consciente y libre, y que no deja de existir ni en el trabajo más absorbente, cuando es verdaderamente humano.

El amor se traduce en la rectitud del trabajo intelectual, es decir, en el peculiar modo en que en él se deben practicar las virtudes. Para analizar esta rectitud tendríamos que considerar la naturaleza de cada una de las tareas y, dentro de ellas, la de su dimensión intelectual, puesto que cada trabajo tiene su modo de reflejar la imagen de Dios en el hombre y ofrece modos distintos de contemplarlo en su ejercicio. Pero, en cualquier caso, para que

---

desemboca en la cosa extramental; en cambio, los actos de la voluntad terminan en ella. Aunque hablando en absoluto, la plenitud de la relación con Dios no sea posible sin contemplarlo, para Tomás de Aquino, el apuntar a Dios en esta vida es más propio de la voluntad que de la inteligencia. En esta vida es más perfecto amar a Dios que conocerlo». L. POLO, *Antropología trascendental, tomo II: La esencia de la persona humana*, EUNSA, Pamplona 2003, 135.

el trabajo intelectual se convierta en contemplación se requiere que la intención que lo anima sea recta. Conservarla es una parte esencial de la lucha ascética por santificar ese tipo de trabajo. Ahora bien, hay que notar que la rectificación a la que se alude no implica desinteresarse de los motivos humanos que lo animan ni mucho menos del contenido que en cada caso tiene ese trabajo, como si este resultara superfluo. En la persona que se encuentra en gracia la rectitud es más bien algo que se conserva o mejora que algo que se debe imponer o producir. Del mismo modo que las criaturas intelectuales aman naturalmente a Dios más que a sí mismas[58], lo natural es que el trabajo intelectual esté animado por la búsqueda de la verdad y el bien, y solo en un segundo momento pueda ser víctima de desvío o corrupción. De todos modos, la referencia a Dios se hace explícita con el ofrecimiento a él de las propias tareas, en la medida en que este ofrecimiento influye en el modo y sentido de su realización.

San Josemaría afirma que no solo conocemos a Dios «en el espectáculo de la naturaleza, sino también en la experiencia de nuestra propia labor, de nuestro esfuerzo»[59]. Podemos contemplar a Dios en la experiencia del propio trabajo intelectual, ante todo en la medida en que deriva del amor. La experiencia del propio trabajo, también del intelectual, es un lugar privilegiado para descubrir a Dios. No solo natural, sino también

---

[58] Cfr. Tomás de Aquino, *S. Th.*, I, q. 60, a. 5.
[59] *Es Cristo que pasa*, n. 49. Cfr. J. I. Murillo, «El trabajo como manifestación de Dios», en *Trabajo y espíritu*, EUNSA, Pamplona 2004, 139-146 (Capítulo 3 de este libro).

sobrenaturalmente, en la medida en que trabajamos con Dios y realizamos su obra.

«Cristo quiere encarnarse en nuestro quehacer». Estas palabras de san Josemaría aluden al misterio central de la vida humana. Cabe preguntarse por qué no se había prestado mucho interés al hecho de que el trabajo humano pueda ser contemplación antes de san Josemaría. Quizá la respuesta se encuentre en que se ha solido atender a la contemplación y los dones sobrenaturales en cada individuo sobre todo en la medida en que este es espectador o receptor y no tanto en cuanto que participa de y colabora con ellos. Pero nuestras acciones están llamadas a ser acciones divinas, también en lo que tienen de intervención sobre el mundo. Y esto es posible porque la naturaleza humana ha sido unida al Verbo por completo. En virtud de esta unión, lo humano, conservando su diversidad y la distinción entre sus múltiples dimensiones, se simplifica haciéndolas completamente compatibles, en particular, con las superiores. Así, el trabajo santificado puede ser amor y también contemplación de Dios. Nuestro trabajo es contemplación como tal trabajo en la medida en que es Cristo, Dios-Hijo, quien trabaja en nosotros. Es contemplativo como lo es siempre la acción de Dios, y, como esa acción, es también diálogo personal entre las personas divinas. Así pues, también el trabajo intelectual puede ser trabajo de Cristo en nosotros; un trabajo que es, al mismo tiempo, acción divina sobre nosotros y sobre el mundo y, por parte de quien lo ejerce, una contemplación de Dios en su misma búsqueda de la verdad.

V.
DOS CONCEPCIONES
DE LA SECULARIDAD CRISTIANA

Hegel, san Josemaría y la Reforma Protestante

El 25 de junio de 1830 Hegel, que había sido aquel curso rector de la Universidad de Berlín, pronunció un discurso ante los profesores y las autoridades académicas con ocasión del tercer centenario de la Confesión de Augsburgo[1]. En él defiende la Reforma y pone de manifiesto la importancia de aquel momento histórico, comparándola con aquella forma de entender la religión cristiana que superaba, es decir, con la interpretación católica. El modo en que Hegel plantea aquí la cuestión resulta sugerente y provocador para un católico, y es esta la razón principal que me ha llevado a tomarlo en consideración, junto con

---

[1] *Oratio in sacris saecularibus tertiis traditae confessionis Augustanae (1830)*, en G. W. F. Hegel, *Escritos sobre religión*, (ed. G. Amengual), Sígueme 2013, GW XVI, 311-322.

otros textos en los que defiende las mismas tesis o en los que se aclaran y completan sus puntos de vista.

No es mi objetivo ofrecer una interpretación del texto hegeliano. Por eso no abundaré en los distintos problemas que plantean los escritos hegelianos sobre este tema y otros colindantes, para él muy importantes, como el de las relaciones entre la Iglesia y el Estado o la relación entre la conciencia religiosa y la esfera de lo ético. Lo que pretendo más bien es examinar hasta qué punto la crítica hegeliana es acertada o tiene fundamento y si cabe una alternativa, otro modo de entender el catolicismo distinto del que Hegel ofrece.

Las tesis hegelianas, tanto por su espíritu como por los temas que destaca, me han evocado la posición de una personalidad católica, que, sin ser filósofo y, por lo tanto, sin desarrollar su propuesta en los mismos términos que Hegel, ha abordado decididamente los mismos temas. Me refiero a san Josemaría Escrivá, en quien, por este motivo, me apoyaré para intentar una respuesta católica a las tesis hegelianas.

En este discurso, redactado en latín, Hegel, como en otros de sus escritos, se presenta como un legítimo intérprete del protestantismo, con el que se identifica. Se encuentra fuera de los límites y objetivos de este texto discernir hasta qué punto su visión del protestantismo es acertada y hasta qué punto lo falsea. En cualquier caso, más allá de este hecho, Hegel es un pensador con el que merece la pena contar. Por una parte, porque es un buen observador del mundo moderno, al que busca entender o, dicho en sus términos, elevar a concepto. Por otra parte, buena parte de la filosofía posterior está directa o indirectamente influida por él, con un influjo que llega más allá de los que se consideran a sí mismos como hegelianos. Hegel es para el pensamiento contemporáneo uno de los mayores exponentes del proyecto filosófico que comienza en la modernidad y que, para muchos, culmina en la filosofía idealista, para dejar después distintos intentos de superación que no acaban de salir del todo de sus redes. Por otra parte, su influjo en la teología es innegable y conviene tenerlo en cuenta para hacerse cargo de cómo hemos comprendido y vivido el cristianismo y su relación con el mundo tanto los católicos como los protestantes.

Ya solo estas razones justifican que nos interesemos por Hegel. Pero ¿por qué compararlo precisamente con san Josemaría? Como ya he dicho, tanto los temas que a Hegel interesan como el espíritu con que los trata animan a esta comparación. Por un lado, en los textos que vamos a considerar Hegel pone de manifiesto su tesis central de que el progreso de la historia es un progreso en la conciencia de la libertad: «El fin último del mundo, es que el espíritu tenga conciencia de su libertad y que de este modo su *libertad* se realice»[2]. Por otra parte, para Hegel la religión no tiene solo un papel en la conciencia individual, no es algo meramente espiritual, sino que está llamada a realizarse en la historia y en el mundo. Pues bien, la libertad y la secularidad son dos temas que se encuentran también en la entraña del mensaje de san Josemaría, además profundamente entrelazados. Es más, la libertad

---

[2] G. W. F. Hegel, *Lecciones sobre la filosofía de la historia universal*, (ed. J. Gaos), Alianza Editorial 1999, 68.

es para él «la clave de la mentalidad laical»[3], que es la condición para que el cristiano viva como tal en medio del mundo, sin separarse de él.

A lo largo de estas páginas me voy a centrar ante todo en la visión del cristianismo que se desprende de ambos planteamientos con el objetivo prioritario de comprender mejor el trabajo desde una perspectiva religiosa. Expondré la visión de Hegel hilvanando y comentando algunos textos del mencionado discurso, completándolos con otros de sus escritos. Aunque el discurso no puede tomarse como una obra central de Hegel, sino más bien como una intervención circunstancial, en ella se despliegan temas que ha tratado con detalle en otras de sus obras. Por ejemplo, podemos encontrar las mismas tesis más desarrolladas en la larga nota al parágrafo 552 de la *Enciclopedia de las ciencias filosóficas*, en sus *Lecciones sobre la filosofía de la historia universal* o en las *Lecciones sobre filosofía de la religión*.

La Reforma como superación de la servidumbre

En el mencionado discurso Hegel señala como uno de los méritos de la Reforma aquel que le concede a él mismo un título legítimo para hablar de religión. En efecto, en la gesta de Augsburgo, como la denomina Hegel, los protagonistas no fueron los teólogos y los eclesiásticos, sino los príncipes de los Estados y los burgomaestres de las ciudades imperiales, «quienes declararon la doctrina evangélica, restaurada finalmente de la mole de supersticiones,

---

[3] *Carta 29-IX-1957*, n. 55.

errores, mentiras, injurias y manchas de todo género, ser ya perfecta y además puesta por encima del albur de las discusiones, del arbitrio y de cualquier poder, y aceptada por ellos como cosa divina»[4]. En consecuencia: «Declararon así que, a los que antes eran legos en tal materia, les incumbía un juicio propio en cosas de religión y vindicaron para nosotros esta inestimable libertad»[5].

El interés de Hegel por subrayar este protagonismo de las autoridades laicas está conectado con un aspecto central de la interpretación que presenta: «Anteriormente la condición del orbe cristiano consistía en estar dividido en dos órdenes, de los cuales uno se había arrogado los derechos y la administración de la libertad conquistada por Cristo para nosotros, mientras que el otro era reducido a la servidumbre, subyugado a la libertad de aquel primer orden libre. Nosotros, en cambio, entendemos que la libertad cristiana es aquella por la que cada uno es declarado digno de dirigirse a Dios, de conocerlo, de rogarle, de venerarlo, de manera que la relación, que cada uno tiene con Dios y Dios con él, cada uno se la hace con Dios y Dios mismo la lleva a cumplimiento en el espíritu humano»[6].

Hegel prosigue considerando que Dios ha dotado al hombre con la razón y que ha revelado al género humano que contiene en sí mismo la idea del hombre, y que ha permitido y quiere ser amado por los hombres otorgándoles una infinita capacidad y confianza de acercarse a él.

---

[4] G. W. F. HEGEL, *Escritos sobre religión*, cit., 226, GW 315.
[5] *Ibid.*, 226, GW 315.
[6] *Ibid.*, 226-227, GW 315-316

Sin embargo, es esto lo que le fue arrebatado al ocupar el santuario del alma con terrores, fábulas y supersticiones. Estos impedimentos son los que han provocado, según Hegel, la pérdida de la libertad: «Estos cerrojos interpuestos entre Dios y el alma, que estaba ardiente del deseo de acceder a él, fueron la fuente y el origen de la servidumbre, pues el amor divino es un intercambio libre e infinito y, cuando se ve limitado por fronteras, está supeditado a las mezquindades propias de los mortales: lo santo es considerado como las cosas terrenas, que se pueden coger con las manos, dominar con las armas e, incluso se pueden comprar y vender, quedando pervertida su condición. En semejante comunidad tienen su lugar la tiranía y la arbitrariedad; ahí nace en las almas, que son extrañas a la libertad divina, la ambición, el afán de dominio, la avaricia, el odio y todo género de tiranía y cobardía. De esta manera en la religión, que es el regazo de la libertad, el pueblo cristiano fue dividido entre señores y siervos, por lo cual el orden de la impiedad pareció que había vencido y había sido restablecido para siempre»[7].

Hegel sostiene que la actitud de los príncipes cristianos, animada por Lutero, mostró que ya se encontraban emancipados y liberados de la superstición. Ahora bien, la llamada a la libertad que se les hacía, aun una vez aceptada, no les liberaba del orden jurídico y político antiguo, que se corresponde con la forma de religión que acababan de abandonar. La libertad cristiana por ellos ganada debía traducirse en esos órdenes, pues «ni la religión puede ser retenida en la soledad de la mente ni ser excluida del

---

[7] G. W. F. HEGEL, *Escritos sobre religión*, cit., 228, GW 316.

modo de obrar ni de la forma de vida; su fuerza y su autoridad es tanta que abarca y orienta cuanto pertenece a la vida humana, por lo cual, una vez reformada la religión, se hace necesario reformar también el orden de la ciudad y las leyes»[8].

Hegel se plantea el problema que supone que esta reforma del orden civil se realizara en la forma de una sedición. Su respuesta a esta cuestión, que considera relevante, consiste en una apelación a la verdad divina, que es a la que hay que atender antes que a las de los hombres. Por otra parte, a quienes afirman que en este acto no se consiguió la libertad, sino que se cambió una sujeción por otra, Hegel replica que la muestra de que el nuevo orden reflejaba la libertad es que «justamente dentro de la comunidad fundada sobre esta confesión creció aquel impulso de investigar, tanto experimentalmente como por el pensamiento, todas las cosas divinas y humanas, a consecuencia del cual el espíritu no ha dejado nada sin intentar ni tocar, restituyendo a los mortales todos los ámbitos de la cultura, las artes liberales y las ciencias, y no solo restituyendo, sino reavivándolos y aumentándolos con nuevo e infinito ardor; así lo vemos a diario en incesante y vigoroso avance y crecimiento, al mismo tiempo con la libertad que ha abierto a cualquiera el acceso a este estudio, y a la vez con la necesidad para que cada uno se vea por doquier invitado, impulsado y animado a conocer espontáneamente lo que es recto, verdadero, divino»[9].

---

[8] G. W. F. Hegel, *Escritos sobre religión*, cit., 229, GW 229.
[9] *Ibid.*, 231, GW 318.

Tras la «indicación de que aquella ubérrima mies nunca hubiera podido brotar de tierras de servidumbre»[10], y de mostrar cuánta fuerza anida en las doctrinas religiosas renovadas, Hegel se va a ocupar más cuidadosamente de la doctrina evangélica, que es el tema de su intervención.

LOS PRECEPTOS DE SANTIDAD COMO PERVERSIÓN DE LOS DEBERES DE LA VIDA HUMANA

En primer lugar, menciona «aquella división abolida, que introducía el desgarro no solo en la santa interioridad del alma, sino que separaba también el Estado en una doble potestad civil. En su lugar, reina ahora el conocimiento de que según la voluntad de Dios el Estado debe ser uno en sí y son reconocidos como divinamente legítimos los derechos de la ciudad y los de los ciudadanos, así como sus deberes. El poder de los príncipes está reconciliado con la Iglesia: mientras que este se sabe vinculado a la voluntad divina, renuncia esta a pretensiones de poder no conformes a derecho»[11]. Es claro que uno de los intereses de Hegel es mostrar que la Reforma ha contribuido a reconciliar la Iglesia con el Estado[12] y que lo ha hecho concediendo un fundamento religioso a este último. «El fundamento, que entonces se puso, se ha desplegado con el tiempo de manera más fecunda, para que finalmente

---

[10] *Ibid.*, 231-232, GW 318.

[11] *Ibid.*, 232, GW 319.

[12] R. VALLS PLANA, *La nota §552 de la Enciclopedia de las ciencias filosóficas (3ª edición, 1830) sobre religión y estado*, en M. C. PAREDES (ed.), *Política y religión en Hegel*, Universidad de Salamanca, Salamanca 1995, 143—158.

(solo podía hacerse de manera lenta) penetre todo ámbito de la vida humana e informe todos los principios de la acción ética»[13].

A continuación, Hegel pasa a detallar cuáles son los deberes de la vida humana y cómo fueron estos pervertidos en el orden a que se opuso la Reforma. «Son de todos conocidos: primero, los relativos a la familia, el amor conyugal, el amor mutuo de los padres y de la prole; después, la justicia, la equidad y la benevolencia para con los demás hombres, la diligencia y la probidad en la administración de la propiedad familiar; finalmente, el amor a la patria y a los príncipes, para cuya defensa debemos incluso dar la vida»[14].

Hegel contrapone a las virtudes de los paganos relativas a estas esferas de la vida, la doctrina de la Iglesia romana, que no dudó en calificar aquellas virtudes como «vicios brillantes». A la concepción clásica esta opone la santidad. Hegel acepta que hay en esta referencia a la santidad un progreso, aunque sea negativo: «(…) Hay que conceder que la virtud cristiana, que deriva del amor de Dios, es mucho más excelente y santa que la que no mana de la misma fuente. Sin embargo, aquellos deberes que afectan a la familia, a las relaciones mutuas entre los hombres, a la patria y al príncipe, aquellos mismos deberes, pues, los defendemos y protegemos como provenientes de la voluntad de Dios y, por tanto, las virtudes que a ellos corresponden se ven más bien confirmadas por la piedad cristiana, es decir, por el amor de la voluntad divina, pero

---

[13] G. W. F. HEGEL, *Escritos sobre religión*, cit., 232, GW 319.
[14] *Ibid.*, 232, GW 319.

nunca despreciadas, vilipendiadas o abrogadas por ella. En cambio, estos deberes y virtudes se ven debilitados y rebajados por los preceptos de santidad que la Iglesia romana declaró e impuso a sus hombres»[15].

La ingenua actitud antigua hacia las virtudes es negada por los preceptos de la Iglesia romana. Como se puede prever, estos tienen que ver con la enunciación de los tres consejos evangélicos que han configurado, mediante los votos, el estado religioso, también llamado estado de perfección. La denuncia de Hegel se dirige a haber antepuesto estos votos, con su contenido negativo, a todo aquello en que se funda la vida ética, lo que Hegel denomina «la eticidad» (*Sittligkeit*).

«En efecto, quiso la Iglesia que carecer de cónyuge e hijos fuera más santo por su caridad y piedad que el matrimonio»[16]. Los antiguos, cuando veneraban a Vesta, no hacían sino percibir que había algo santo en esa inclinación, que, en el hombre, se eleva por encima de la mera naturaleza dando lugar a esa comunidad de amor y piedad que denominamos familia. La negatividad de este precepto se manifiesta, según Hegel, en la corrupción de costumbres a que dio lugar. Es cierto que no hay que atribuir a la ley esta corrupción, pero sí es evidente que este precepto de santidad no puede ser impuesto a todos los hombres.

«La Iglesia también enseñó que la pobreza es virtud santa»[17]. De este modo, se menosprecia «la habilidad y la honradez en la administración de la propiedad familiar,

---

[15] G. W. F. HEGEL, *Escritos sobre religión*, cit., 232-233, GW 319.
[16] *Ibid.*, 233, GW 319.
[17] *Ibid.*, 234, GW 320.

la diligencia en adquirir bienes, que son necesarios para el sustento de la vida y sirven para ayudar a otros, y se prefiere la inercia al trabajo, la desidia al ingenio, la negligencia a la previsión y rectitud, a fin de que los clérigos adquieran por medio del voto de pobreza, o mejor la mentira, la licencia para la avaricia y la abundancia; a fin de que ellos solos fueran adinerados y poseedores de todas las riquezas, que otros habían adquirido de manera necia o incluso impía, fue condenada la posesión y la adquisición de riquezas»[18].

Pero Hegel sube el tono cuando habla del tercero de estos preceptos, «corona de todos, a saber, la obediencia ciega y la sumisión del entendimiento humano, para que así el amor de Dios no nos elevara a la libertad, sino que nos rebajara a la servidumbre, una servidumbre tanto en las cosas mínimas, que casual o arbitrariamente se permiten, como en las máximas, o sea en el conocimiento de lo que es justo, honesto, piadoso, así como en la elección y el modo de vida; es decir, para que aquellos que se llaman siervos, es más, siervos de los siervos, pudieran regir la vida privada y la propiedad doméstica y fueran señores del Estado y de los príncipes»[19].

MUNDO, SANTIDAD Y EUCARISTÍA

Es cierto, que, desde un punto de vista católico, este juicio puede ser matizado. Hegel atribuye al estado clerical tres preceptos que solo en la vida religiosa se realizan

---

[18] *Ibid.*
[19] *Ibid.*

propiamente. La propiedad no es prohibida al clero y la obediencia no es objeto de voto para este. De todos modos, pienso que su crítica sí podría afectar a aquellos que atribuyen un valor especial, configurador, a esos tres votos para toda la Iglesia, y consideran al religioso como el prototipo del cristiano. El hecho de conceder una mayor excelencia a unas posturas que, en la interpretación hegeliana, niegan los principios de la eticidad ya define la posición de la Iglesia romana respecto del mundo. Lo santo se convierte en algo separado. De este modo brilla su excelencia, su trascendencia, pero, como contrapartida, deja al mundo desasistido aun de la virtud espontánea que percibían los antiguos.

Esta separación genera para Hegel la pérdida de la unidad de la vida humana. «La religión católica —afirma en sus *Lecciones sobre la filosofía de la historia universal*— no toma esencialmente en consideración lo temporal, sino que la religión sigue siendo una cosa indiferente por su lado; y en otro lado está lo temporal, que es distinto y existe por sí. La voluntad queda así separada de la religión; y la religión está separada del yo hombre; y resulta la desunión, la servidumbre»[20].

De este modo, el fundamento del orden social en el que el ser humano desarrolla su vida queda al margen de los principios de la religión. ¿De qué modo podrá ser fundado? Tras la Reforma, esta separación se habría superado: «La reconciliación lograda ha traído consigo la conciencia de que lo temporal es capaz de contener en sí

---

[20] G. W. F. Hegel, *Lecciones sobre la filosofía de la historia universal*, cit., 664.

la verdad; mientras que anteriormente era considerado como algo malo, incapaz del bien; y el bien, por tanto, se convertía en un más allá»[21].

En el contexto de los preceptos de santidad, Hegel resume de este modo qué separa al luteranismo del catolicismo: «La simple diferencia entre la doctrina luterana y la católica consiste en decir que la reconciliación no puede ser producida por una cosa meramente exterior, la hostia, sino tan solo por la fe, esto es, en la dirección del espíritu hacia lo alto, y en el goce, cuando la hostia es recibida y consumida. Lutero ha mantenido también completa razón al sostener esta doctrina sustancial contra la Iglesia reformada, lo mismo que contra la católica. Se ha censurado dura y frecuentemente su obstinación en la propia doctrina frente a los reformados. Pero no podía conceder a la Iglesia reformada que Cristo fuera un mero recuerdo, sino que coincidía con la Iglesia católica en que Cristo es algo presente; pero en la fe y en el espíritu»[22].

Resulta interesante que la diferencia entre ambas confesiones se reconduzca a algo tan fundamental como la forma en que se concibe la Eucaristía. Hegel es bien consciente de que este sacramento ocupa un lugar central en el cristianismo, pero piensa que la insistencia católica en la presencia real, al margen de la fe y el goce que la eucaristía produce en su recepción, manifiesta la separación y, por así decir, la cosificación con que es concebido lo sagrado en el catolicismo.

---

[21] *Ibid.*, 655.
[22] G. W. F. HEGEL, *Lecciones sobre la filosofía de la historia universal*, cit., 658.

Antes de pasar a considerar una alternativa católica a estas tesis, conviene recordar que, para Hegel, la situación ante la que Lutero se rebela no sirve para describir la Iglesia católica de su tiempo: «(...) La Iglesia de hoy —afirma— ya no se halla en la situación que él combatió; también la Iglesia católica se ha purificado en sí por la Reforma»[23]. El catolicismo ha progresado, en su opinión, en la línea de la interiorización de la religión. Este apunte hegeliano puede servirnos para introducir una interpretación distinta, contemporánea, del catolicismo.

UNA DENUNCIA CATÓLICA DE LA SEPARACIÓN
ENTRE LO SAGRADO Y LO PROFANO

Como referencia para presentar la propuesta de san Josemaría, tomaré ante todo el texto de su homilía *Amar al mundo apasionadamente*[24]. Ya en el título podemos comprobar la comunidad de intereses entre ambos. Como hemos visto, Hegel acusa al catolicismo de no tener en cuenta lo temporal y de dejarlo desasistido. Aquí, por el contrario, nos encontramos con una afirmación programática de la tesis contraria.

También resulta llamativo que el texto que comentamos comience con una alusión a la concepción católica de la Eucaristía. Al comienzo de su homilía, san Josemaría considera lo que él y sus oyentes se encuentran celebrando: «El sacrificio sacramental del Cuerpo y de la Sangre

---

[23] *Ibid.*, 657.
[24] SAN JOSEMÁRIA, *Conversaciones con Mons. Escrivá de Balaguer*, (ed. J. L. ILLANES MESTRE, A. MÉNDIZ), Rialp 2012.

del Señor, ese misterio que anuda en sí todos los misterios del cristianismo»[25]. Ahora bien, una clara diferencia con Hegel es la aceptación positiva del sentido escatológico de este misterio. Efectivamente, su recepción viene a ser, en cierto sentido, «como desligarnos de nuestras ataduras de tierra y tiempo, para estar ya con Dios en el Cielo»[26], donde alcanzaremos la plenitud a la que aspiramos. Sin embargo, a continuación previene contra el peligro de malinterpretar este sentido escatológico de la Eucaristía. Esto ha ocurrido cuando se ha presentado «la existencia cristiana como algo solamente espiritual —espiritualista, quiero decir—, propio de gentes puras, extraordinarias, que no se mezclan con las cosas despreciables de este mundo o, a lo más, que las toleran como algo necesariamente yuxtapuesto al espíritu, mientras vivimos aquí»[27]. Y describe una visión del cristianismo que parece responder a los preceptos de santidad que, según Hegel, caracterizan al catolicismo: «(…) ser cristiano es, entonces, ir al templo, participar en sagradas ceremonias, incrustarse en una sociología eclesiástica, en una especie de mundo segregado, que se presenta como la antesala del cielo, mientras el mundo común recorre su propio camino»[28].

Su postura frente a esta interpretación es neta: «(…) respondemos sencillamente *que no* a esa visión deformada del Cristianismo»[29]. Por injusta que nos parezca la acusación de Hegel, parece que san Josemaría la considera

---

[25] *Ibid.*, 113.
[26] *Ibid.*, 113.
[27] *Ibid.*, 113.
[28] *Ibid.*, 113.
[29] *Ibid.*, 113.

una amenaza real para el católico, al menos para el de su tiempo. Por decirlo de otro modo, ambos autores critican lo mismo; pero lo que Hegel presenta como catolicismo es para san Josemaría una interpretación equivocada del cristianismo que amenaza a los católicos. Se trata, en sus palabras, de la «tentación (...) de llevar como una doble vida: la vida interior, vida de relación con Dios, de una parte, y de otra, distinta y separada, la vida familiar, profesional y social, plena de pequeñas realidades terrenas»[30]. Pues bien, aunque, como veremos, la concepción del cristianismo que sostiene san Josemaría difiere de la hegeliana, en su texto parece responder una por una a las objeciones hegelianas.

Ante todo, san Josemaría no suprime el valor de los consejos evangélicos. Sin embargo, en la medida en que configuran un estado de vida, los caracteriza como una posibilidad de vivir el cristianismo y no como su única realización plena: «Amo a los religiosos y venero y admiro sus clausuras, sus apostolados, su apartamiento del mundo —su *contemptus mundi*— que son otros signos de santidad en la Iglesia. Pero el Señor no me ha dado vocación religiosa, y desearla para mí sería un desorden»[31].

San Josemaría ofrece una respuesta a la visión hegeliana sobre la familia, el trabajo y la política. De todos modos, el orden e importancia que concede a cada una de ellas son distintos. Mientras que para Hegel el aspecto más relevante de la eticidad, que supera y recoge a los otros dos, es la condición de ciudadano del estado,

---

[30] *Ibid.*, 114.
[31] *Ibid.*, 118

para san Josemaría la inserción del cristiano en el mundo se lleva a cabo ante todo a través del trabajo. «Dios os llama a servirle *en* y *desde* las tareas civiles, materiales, seculares de la vida humana»[32]. La razón de este cambio de acento es, en mi opinión, por un lado, que el trabajo manifiesta el amor[33] y, por otro, que la profesión, o actividad pública que se ejerce ante la sociedad, es —para san Josemaría—la que configura ante todo el lugar del hombre en la sociedad[34]. Hegel, por el contrario, tiende a considerar el trabajo más que como servicio como un modo de adquirir propiedad. El mundo del trabajo pertenece, dentro de la esfera de la eticidad, a «la totalidad relativa de las relativas relaciones mutuas de los individuos en cuanto personas en el seno de una universalidad meramente formal: la *sociedad civil*»[35]. Esa formalidad se refiere al ámbito de los intercambios. Aunque Hegel acepta que el trabajo es un servicio, considera en él ante todo su relación con la adquisición de la propiedad y el intercambio. A fin de cuentas, el momento en el que surge la sociedad civil es, dentro del espíritu objetivo, el propiamente negativo.

No es que san Josemaría desprecie la política, a la que dedica también algunas observaciones relevantes. El

---

[32] SAN JOSEMARÍA, *Conversaciones con Mons. Escrivá de Balaguer*, cit., 114.

[33] SAN JOSEMARÍA, *Es Cristo que pasa: homilias*, Rialp 2002, n. 48.

[34] «El trabajo profesional —sea el que sea—se convierte en un candelero que ilumina a vuestros colegas y amigos». JOSEMARÍA ESCRIVÁ DE BALAGUER, *Amigos de Dios: homilias*, Rialp 2007, n. 61.

[35] G. W. F. HEGEL, *Enciclopedia de las Ciencias Filosóficas [1830]*, Abada 2017, §517.

cristiano no puede desentenderse de la edificación del orden temporal y debe cuidar de que en él se realice la vida divina que ha recibido. Pero existe el riesgo de identificar la realización del cristianismo con un orden político determinado. Hegel no parece ajeno a este peligro, y desde luego no lo fueron muchos de sus contemporáneos. La idea de que realizar los principios espirituales se traduce en un orden político concreto ha dominado el discurso tanto de los nostálgicos del Antiguo Régimen como de muchos movimientos políticos de izquierda. Para san Josemaría, este intento, sobre todo si se pretende avalar con la autoridad de la Iglesia, es un atentado contra la libertad. El cristiano lleva a cabo la construcción del mundo con plena libertad y con plena responsabilidad: «No se le ocurre creer o decir que él baja del templo al mundo para representar a la Iglesia, y que sus soluciones son las *soluciones católicas* a aquellos problemas. ¡Esto no puede ser hijos míos! ¡Esto sería clericalismo, *catolicismo oficial* o como queráis llamarlo!»[36]

En otra ocasión comentaba san Josemaría: «Me repugna el clericalismo y comprendo que —junto a un anticlericalismo malo— hay también un anticlericalismo bueno, que procede del amor al sacerdocio, que se opone a que el simple fiel o el sacerdote use de una misión sagrada para fines terrenos»[37]. Se puede entender esta afirmación como una respuesta a la separación entre el clero y el resto de los fieles que Hegel señala

---

[36] San Josemaría, *Conversaciones con Mons. Escrivá de Balaguer*, cit., n. 117.
[37] *Ibid.*, n. 47

como raíz del problema que critica. Contra esta mentalidad san Josemaría propone difundir «una verdadera *mentalidad laical*», cuyas manifestaciones se detiene a detallar[38].

Frente a la imagen hegeliana de la separación entre lo sagrado y lo profano, san Josemaría gustaba de evocar, para describir la acción del cristiano en el mundo, la imagen evangélica del fermento en la masa[39]. Para preservar ese no separarse del cristiano, que resulta esencial para que pueda llevar a cabo en el mundo su sacerdocio, en la homilía recuerda que aquellos que quieren servir a Jesucristo en la Obra de Dios —la institución por el fundada para difundir este mensaje— son «sencillamente ciudadanos iguales a los demás, que se esfuerzan por vivir con seria responsabilidad —hasta sus últimas consecuencias— su vocación cristiana»[40].

Esta llamada a que el espíritu cristiano empape todas las actividades humanas se extiende también a la familia: «El amor que conduce al matrimonio y a la familia, puede ser también un camino divino, vocacional, maravilloso, cauce para una completa dedicación a nuestro Dios»[41]. No es solo el momento de la inmediatez, como en Hegel, porque la familia es también un modelo de la relación entre los cristianos y entre los hombres en general, que deben constituir la familia de los hijos de Dios.

---

[38] *Ibid.*, n. 117.
[39] SAN JOSEMARÍA, *Amigos de Dios: homilías*, cit., n. 257.
[40] SAN JOSEMARÍA, *Conversaciones con Mons. Escrivá de Balaguer*, cit., n. 118.
[41] *Ibid.*, n. 121

CONCLUSIÓN: LIBERTAD, SECULARIDAD
Y ESCATOLOGÍA

Podemos concluir señalando algunas semejanzas y diferencias entre ambos autores. En primer lugar, como hemos podido comprobar, tanto Hegel como san Josemaría conceden una importancia decisiva a la libertad. Es cierto que no la comprenden exactamente del mismo modo. Para Hegel lo espiritual «es lo libre; la afirmación del espíritu es la actividad condicionada por sí misma; el espíritu es el producirse a sí mismo»[42]. Para san Josemaría, la libertad está referida a la posibilidad de entablar una relación personal con Dios: «Libremente, sin coacción alguna, porque me da la gana, me decido por Dios»[43].

De esta comprensión de la relación con Dios como un trato personal se siguen otras consecuencias para la realización en el mundo de la plenitud de conocimiento de Dios que trae el cristianismo. En primer lugar, san Josemaría insiste en que en esa tarea lo exterior no es solo materia que se debe informar con el espíritu cristiano, sino también camino hacia Dios. La relación con Dios no es algo ya alcanzado de una vez por todas: el cristiano está en camino, como el mundo en el que vive. Si, por su condición sacerdotal, le corresponde llevar el mundo a Dios en un movimiento ascendente, no por eso está excluido de la condición de viador. Este papel mediador de la realidad externa en nuestra relación con Dios se muestra de

---

[42] G. W. F. HEGEL, *Lecciones sobre la filosofía de la historia universal*, cit., 436.
[43] SAN JOSEMARÍA, *Amigos de Dios: homilías*, cit., n. 35.

un modo particular en los sacramentos, pero se extiende a todas las realidades humanas, en la medida en que el cristiano vive «santamente la vida ordinaria»[44].

San Josemaría matiza la concepción hegeliana de lo santo. Los sacramentos son sagrados, pero no separan al cristiano del mundo: son signos de la presencia de Dios en este y caminos para llegar a él. Los ministros sagrados forman parte del orden sacramental, pero todo cristiano es sacerdote y tiene como misión unir lo divino y lo humano. A fin de cuentas, el origen de toda santidad y todo sacerdocio no es otro que el sacerdocio de Cristo. Cabe, es cierto, otro tipo de consagración, de separación sagrada, que es el estado religioso, que también tiene un valor positivo, aunque diverso, dentro de la Iglesia.

Como bien ha señalado Montserrat Herrero, la religión no es una parte del espíritu objetivo, sino que pertenece al espíritu absoluto[45]. Hegel es bien consciente de que existe una tensión entre la realización del cristianismo en el orden ético y la conciencia religiosa. Pero la necesidad de que la libertad se realice en el orden ético, en el Estado, le conduce a pasar por alto la referencia a una tensión escatológica. «Lo único que puede reconciliar al espíritu con la historia universal y la realidad es el conocimiento de que cuanto ha sucedido y sucede todos los días no solo proviene de Dios y no solo sucede sin Dios,

---

[44] San Josemaría, *Conversaciones con Mons. Escrivá de Balaguer*, cit., n. 116.

[45] M. Herrero, *Religión y política: la respuesta de la filosofía de Hegel entre tensión y reconciliación*, «Pensamiento. Rev. Investig. e Inf. Filosófica», 72/271 (26/8/2016), 279.

sino que es esencialmente la obra de Dios mismo»[46]. Para san Josemaría la obra de Dios es también el trabajo del cristiano en medio del mundo, y es una acción eficaz: «La tarea apostólica que Cristo ha encomendado a todos sus discípulos produce, por tanto, resultados concretos en el ámbito social. No es admisible pensar que, para ser cristiano, haya que dar la espalda al mundo, ser un derrotista de la naturaleza humana»[47]. Pero el fruto del trabajo del cristiano espera el juicio de Dios y una consumación que es un don, es gracia, a la que no podría aspirar por sí mismo.

---

[46] G. W. F. HEGEL, *Lecciones sobre la filosofía de la historia universal*, cit., 701.

[47] SAN JOSEMARÍA, *Es Cristo que pasa*, cit., n. 125.

PROCEDENCIA DE LOS TEXTOS

Este libro reúne trabajos concebidos a lo largo de casi treinta años, que no solo responden a mi interés por el tema, sino a algunas invitaciones. Con la excepción de uno de ellos, han sido ya publicados en distintos lugares.

Creo que se puede comprender cada uno sin necesidad de los otros y cabe leerlos sin seguir el orden en que aparecen. De todos modos, pienso que quien los lea en el orden que propongo, podrá seguramente descubrir mejor cómo se complementan entre sí.

Secularidad (inédito). Una versión preliminar de este texto fue presentada, con el título «Secularidad: un intento de definición» en *XXIII Simposio Internacional de Teología El cristiano en el mundo. En el centenario del Beato Josemaría Escrivá (1902-2002)*, Universidad de Navarra, 10-12/4/2002, Pamplona, España.

«Libertad, filiación divina y secularidad», *Romana*, nº 66, enero-junio 2018, 191-212.

«El trabajo como manifestación de Dios», en Borobia, J. J., Lluch, M., Murillo, J. I., Terrasa, E., *Trabajo y espíritu. IV Simposio Internacional «Fe cristiana y cultura contemporánea»*, Pamplona, EUNSA 2004, 139-150.

«Trabajo intelectual y contemplación», en López, J., (ed.), *San Josemaría e il pensiero teológico. Atti del Convegno Teologico. Roma 14-16 de noviembre 2013*, Volume II, EDUSC, Roma 2015, 71-94.

«Trabajo, santidad y secularidad. Una alternativa católica a la interpretación hegeliana de la divinización del mundo», en Javier López, Federico M. Requena (eds.), *Verso una spiritualità del lavoro professionale. Teologia, antropologia e storia a 500 anni dalla Riforma, Atti del Convegno «The Heart of Work» — «Quale anima per il lavoro professionale»*, vol. III, EDUSC, Roma 2018, 335-349.

ESTE LIBRO, PUBLICADO POR
EDICIONES RIALP, S. A.,
MANUEL URIBE, 13-15, 28033 MADRID,
SE TERMINÓ DE IMPRIMIR
EN SERVICE POINT, MADRID
EL DÍA 29 DE ENERO DE 2025.